Rüdiger Barth / Giuseppe Di Grazia

Die 10

Rüdiger Barth / Giuseppe Di Grazia

Die 10

Magier des Fussballs

Mit 34 Abbildungen

MALIK

ISBN 3-89029-277-1

Satz: EDV-Fotosatz Huber/Verlagsservice G. Pfeifer, Germering
Druck und Bindung: Ebner & Spiegel, Ulm
Printed in Germany

www.malik.de

Inhalt

Anstoss

Um es gleich zu sagen: Die 10 haben wir nie bekommen. Das Trikot mit Pelés Nummer war seit der D-Jugend das Symbol der Macht, und nur die Jungs durften es tragen, die aus 30 Metern den Ball unter die Latte hämmern konnten (wo kein Torwart herankam, die waren alle zu klein). Nur ihnen war es erlaubt, Bälle zu vertändeln und andere dafür anzuschnauzen. Zugleich mussten sie Nerven aus Leder haben, um die meckernden Eltern zu ertragen, und natürlich sehr lässig das Hemd über der Hose tragen können. Die Besten bekamen die 10, und die Reifsten. Wir hatten keine Chance.

Irgendwann hörten wir auf, im Verein zu kicken, doch der Fußball ließ uns niemals los. Was uns fürs Leben blieb, war die Sehnsucht, Zehner zu sein. Bis wir begriffen, dass es ganz und gar nicht leicht ist, die 10 zu tragen. Man kann scheitern an diesem Trikot.

Und alles nur wegen Pelé. Ohne Pelé aber gäbe es auch dieses Buch nicht, an dieser Stelle also schon mal schönen Dank. Er hat den Mythos der 10 erschaffen, er hat der Nummer einen Sinn gegeben, eine Geschichte und ihre Kraft, die bis heute wirkt. Mit 17 Jahren verzauberte Pelé die Welt, als er Brasilien 1958 zum WM-Titel schoss und vor Freude tanzte und weinte; zwölf Jahre später führte er sein Team erneut zum Sieg, ein Souverän, der nun listig die Fäden zog. Wo immer Pelés 10 leuchtete, pulsierte das Spiel. Im Lauf der Jahre begannen die Menschen, seine Magie mit der Rückennummer zu verbinden. Die 10 wurde zum Versprechen. So fing es an.

Seit Pelé können die besten Spieler die Tradition des Fußballs herausfordern, ganz einfach, indem sie sich sein

Trikot überstreifen. Maradona, Platini, Zico und Baggio waren seinem Erbe gewachsen, Zidane ist es heute. Viele andere brachen unter den Erwartungen zusammen, und ebenso viele trauten sich niemals an die Nummer heran.

Dieses Buch ist eine Hommage an die 10. Eine Hommage an das, was wir das Schöne Spiel nennen wollen, ein Begriff, den es im Portugiesischen gibt (*futebol arte*) und seltsamerweise auch im Englischen (*the beautiful game*), bei uns jedoch bislang nicht. Dabei lieben die Deutschen sie doch auch, die Einfädler, Passtüftler, Anarchen des Fußballs, die es im modernen Spiel so schwer haben und die dennoch unersetzbar sind. Ihre Phantasie nährt unsere Hoffnung auf den einen unsterblichen Moment – der natürlich immer dann zu kommen pflegt, wenn man am wenigsten damit rechnet.

In Deutschland begann der Kult um die 10 in den 60er Jahren, und die Zahl wurde von den Strategen im Mittelfeld geprägt. Dirigenten werden sie bei uns genannt, als stünde da ein *Maestro* auf dem Feld, der seine Mitspieler nach einer Melodie aufspielen lässt, deren Partitur nur er kennt. Sein Rhythmus entspringt den Bedürfnissen des Augenblicks, seine Kunst ist die der Improvisation. Dies ist das Ideal, das einst Günter Netzer und Wolfgang Overath formulierten – zwei sich ähnelnde Spieler, zwei gegensätzliche Charaktere. Bis heute machen beide gerne auch abseits des Platzes das Spiel, und wenn sie aufeinander prallen, geht es rund. Eine 10 bleibt eine 10, für alle Zeiten.

Doch allein die ruhmreiche Nummer spazieren zu führen und gelegentlich Traumpässe aus geschmeidigem Fußgelenk einzustreuen, genügt nicht. Dazu muss etwas kommen, das mit Ausstrahlung nur unzureichend beschrieben ist: die Aura, die den Betrachter besondere Dinge erwarten lässt, schon wenn er den Spieler sich nur warm machen sieht. Es muss etwas in der Luft liegen, wenn er aufläuft, die

Möglichkeit der plötzlichen Wendung. Nichts weniger als *Charisma*, jene göttliche Gnade, die wir in großen Künstlern erkennen.

Kunst? Kunst! Die 10 zerteilt das Spielfeld nach ihren eigenen Maßstäben, sie sieht Räume, die sich erst noch eröffnen werden. Die 10 weiß, dass der Ball schneller ist als der schnellste Mensch und ein geistreicher Pass die Abwehr leichter öffnet als jeder Alleingang. Sie *erfühlt* die Bewegungen der sie umgebenden Spieler, durch Intuition in Verbindung mit Einfallsreichtum, und vielleicht ist das eine Definition von Genie im Fußball.

Die besten Zehner waren und sind verblüffend oft widersprüchliche Persönlichkeiten. Empfindsam und frech zugleich, liebesbedürftige Abenteurer; vermutlich sind Zehner daher so selten. Sie müssen, das ist Voraussetzung, sensibel sein, ein feines Spiel speist sich aus feinen Schwingungen. Das äußert sich bei manchen in beinahe absurd zu nennenden Selbstzweifeln, die schon den ersten Ballkontakt einer Partie entscheidend werden lassen (Fritz Walter), bei anderen in ausgeprägter Wehleidigkeit und einem Hang zum Drama (Maradona), bei Dritten in Sanftheit, die durch Jähzorn durchbrochen wird (Zidane). Zugleich schöpfen sie aus dem größten Selbstbewusstsein, besitzen die vollkommene Unverschämtheit, vor den Augen der Welt eine herausgehobene Rolle einnehmen zu wollen. Zweifel und Vertrauen: Beides kennzeichnet die 10. Ihre Reibung lässt Funken sprühen.

Die mythische Dimension des Fußballs lässt sich auf diese Figuren zurückführen. Fans glauben ja immer an ihr Team – mit einer 10 in der Mannschaft wissen sie, dass es sich tatsächlich lohnen könnte. Was die 10 im Spiel macht, reicht oft ins Unerklärliche. Meist trifft sie ihre Entscheidungen spontan, ohne sie hinterher begründen zu können. Das Wunder der Eingebung, nennen wir es Magie.

Ein Tor wie Maradonas Solo zum 2:0 gegen England im WM-Viertelfinale 1986 begreifen wir auch dann nicht, wenn wir das Video immer wieder zurückspulen und diese zehn Sekunden von neuem anschauen. Die Choreographie seiner Schritte ist schon bemerkenswert genug, es ist ein dribbelnder Takt, den kein anderer nachtanzen könnte. Aber vor allem lassen ihn gleich fünf englische Gegenspieler gewähren, die doch angeblich härtesten Grätscher der Welt. Sie schauen Maradona zu, als wollten sie seinen Schöpfungsakt nicht stören. Ganz merkwürdig. Es liegt ein Hauch des Unangreifbaren über dem Tor, wir haben den Verdacht: Es musste so fallen. Maradonas Genie ließ ihn den Augenblick erkennen, es hatte ihn aber auch erst erschaffen. Es muss verrückt sein, wer ein solches Tor in einem solchen Spiel schießt. Verrückt oder von den Göttern geküsst. Bei Maradona sind wir uns da nicht so sicher.

Es gibt Spieler, die besitzen den Witz des Gauklers, die Chuzpe des Trickdiebes, die Gewandtheit eines Akrobaten, aber sie schlagen die Menschen nicht in ihren Bann. Ihnen fehlt die große Geste. Viele überragende Solisten haben dem Team nichts zu geben, sei es, weil sie Kritik nicht vertragen (Möller), die anderen nicht für würdig befinden (Romario) oder schlicht weder Begabung noch Interesse dafür haben (Garrincha).

Die 10 hingegen ist die Seele der Mannschaft. Wir reden hier, das als Warnung vorneweg, nicht nur von sympathischen Menschen und keineswegs von Bescheidenheit. Bescheidenheit ist Gift, wenn man die 10 trägt. Bescheidenheit stutzt die Phantasie.

Leider ist das wohl so: Ohne großes Ego wird man keine große 10. Selbst der so nette Zidane ist auf dem Platz alles andere als bescheiden. Nur so kann eine 10 jene mitreißende Kraft haben, die die Mitspieler wetzen lässt und die Gegner lähmt.

Jede 10 ist anders, das versteht sich bei Künstlernaturen von selbst. Pelé war auf seine Art vollendet. Netzer spielte am liebsten weite Bälle, tief aus der eigenen Hälfte, und ließ die anderen rennen. Zidane schlüpft durch die Maschen des modernen Fußballs und taucht immer dort auf, wo man ihn am wenigsten vermutet.

Natürlich gab es in der Geschichte vor Pelé und auch Fritz Walter wunderbare Regisseure, die wir würdigen werden; einige, wie der Wiener Matthias Sindelar, der »Papierne«, führten noch keine Zahl auf dem Rücken, interpretierten aber das Spiel im Geist der 10. Manche ihrer Erben spielten wie eine 10, aber trugen sie nicht, wie zwei der größten Fußballer überhaupt, Alfredo di Stefano und Johan Cruyff. Es gab – er gehört dazu! – Lothar Matthäus, der für den radikalen Wandel der 10 steht. Es gibt Zehner, die haben diese Zahl nicht verdient. Und einen Zehner der Zukunft, der der Magie der 10 noch nicht restlos verfallen ist.

Wir sprechen von Spielern, die den Fußball begriffen wie Pelé. Die sich abhoben von ihren kraftstrotzenden Verbündeten durch Eleganz, Übersicht, Spontaneität, Imagination, Gefühl, Präzision. Und auch: Sportsgeist. Würde. Nicht alle, die berühmt sind, erfüllen dies; nicht alle, die dies erfüllen, sind berühmt geworden. Der Fußball ist so ungerecht wie das Leben.

Und genauso rätselhaft. Wenn Sie sich demnächst mal wieder fragen sollten (wir machen das meistens, wenn Juventus Turin oder der Karlsruher SC eins übergebraten bekommen haben), warum, in drei Teufels Namen, Sie diesem Spiel so verfallen sind: Die 10 ist die Antwort.

Hamburg, Februar 2004

Rüdiger Barth
Giuseppe Di Grazia

Spieler fürs Auge

von Franz Beckenbauer

Natürlich gibt es im Fußball den ewigen Streit, wer denn der größte Zehner war. Dieser Streit endet immer bei der Frage: Pelé oder Maradona? Aber man kann beide Spieler nicht in einen Topf werfen. Beide waren auf ihre Art genial: Pelé mit seinem Offensiv-Drang und seiner körperlichen Wendigkeit. Ich habe ja selbst mit ihm noch in New York bei Cosmos zusammen gespielt und bin damals ein großer Fan von ihm geworden. So wie er ging kaum einer mit dem Ball um. Vielleicht eben nur noch Maradona. Der konnte das Spiel mit einer einzigen Aktion entscheiden. Und man wusste nie, was er im nächsten Moment machen würde. Ein Fußballer für das Auge. Schnell und dazu technisch perfekt - und vor allem mit einer Riesenportion Schlitzohrigkeit ausgestattet.

Es ist schwer, Spieler unterschiedlicher Epochen zu vergleichen, ja fast unmöglich. Außer Pelé und Maradona gehören für mich zu den größten Spielmachern Michel Platini, Günter Netzer, Wolfgang Overath und heute Zinédine Zidane. Alle vier genannten sind großartige Spieler. Vielleicht kann man sie höchstens in Bezug auf ihre Erfolge noch beurteilen. Nehmen wir zum Beispiel Platini. Für den waren wir Deutschen immer ein Trauma. Unvergessen das Europacup-Finale 1983 in Athen, als Platini und Juventus gegen den HSV mit Felix Magath klarer Favorit waren. Doch Magath machte das einzige Tor und entschied das Spiel. Zidane andererseits, der für mich aktuell wohl beste Spieler der Welt, wurde Europameister und Weltmeister. Gerade letzteren Titel hätte Platini auch gerne gehabt, scheiterte aber immer knapp vor dem Ziel. Das mag ihn bei manchem Fan in der Rückbetrachtung zwar weniger erfolgreich machen, kann aber nicht seine Leistung schmälern. Das gilt auch für den Vergleich Netzer und Overath. Davon hat die Medienszene jahrelang gelebt. Es wäre vermessen, zu behaupten, dass nun einer von beiden der bessere Fußballer gewesen wäre. Herausragend waren beide - und vor allem prägend für den deutschen Fußball.

Das gilt auch für Michael Ballack. Trotz aller Diskussionen um seine Rolle - natürlich hat er das Zeug, mal ein echter Spielmacher zu werden. Er ist ein fast kompletter Fußballer. Und er hat schon bei der WM 2002 in seinem relativ jungen Alter bewiesen, dass er international eine Mannschaft führen kann. Auch ein Michael Ballack hat das Recht, sich zu entwickeln. Er hat noch nicht ausgelernt und wird gerade, was die Chefposition betrifft, weitere Fortschritte machen. Ob er dafür die 10 tragen muss, bezweifele ich. Ein Fußballer kann möglicherweise mit der Wahl seiner Rückennummer einen gewissen Anspruch an sich und seine Rolle definieren. Aber letztlich wird er nur an seiner Leistung gemessen.

Pelé

Die Geburt der 10

»Ich dachte immer, Maradona sei der beste Spieler der Welt gewesen. Doch als wir die Sichtung des Materials vornahmen und Pelé Stunden über Stunden spielen sahen, begriff ich erst, was für ein Mann er gewesen war. Absolut phänomenal. Man vergisst so leicht, wie gut ein Spieler war. Bis man diese Aufnahmen sieht und niederknien möchte vor Begeisterung über das, was Pelé mit dem Ball anstellte.«

Guy Oliver, Produzent der *History of Football*

»Die, die wir das Glück gehabt haben, ihn spielen zu sehen, haben ein Geschenk von seltener Schönheit erhalten: Augenblicke, die so sehr der Unsterblichkeit würdig sind, dass sie uns glauben lassen, die Unsterblichkeit gäbe es tatsächlich.«

Eduardo Galeano, Schriftsteller

»Pelé ist zu infantil. Ihm fehlt offensichtlich der nötige Kampfgeist. Er ist zu jung, um Aggression zu spüren und in einer angemessenen Art darauf zu reagieren. Außerdem hat er auch nicht das notwendige Gefühl für Teamgeist.«

Joao Carvalhaes, Psychiater des brasilianischen WM-Kaders 1958

»Pelé wird überschätzt.«

Diego Armando Maradona

»Es wird niemals einen neuen Pelé geben. Weil Gott nur einen Pelé, einen Beethoven, einen Michelangelo geschaffen hat. Aber es gibt auch noch einen anderen Grund. Es wird niemals einen neuen Pelé geben, weil meine Eltern die Fabrik geschlossen haben.«

Pelé

Pelé hat Recht: Es wird niemals mehr einen wie ihn geben. Zumindest in der öffentlichen Wahrnehmung. Denn die erste 10 des Fußballs beendete ihre Karriere, ehe sich die Zuschauer satt gesehen hatten an den Übertragungen, ehe sie Zeitlupen routiniert analysierten, ehe sie, wie sie glauben, fachmännisch geworden waren.

Pelé spielte niemals bei einem Klub in Europa; in seinen 15 Jahren beim FC Santos tingelte er mit seiner Mannschaft durch die halbe Welt, eine Art Harlem Globetrotters des Fußballs. Sein Verein strich überall üppige Antrittsgagen ein, eben weil Pelé aufspielte, der Mann, der die Menschen anzog wie ein Magnet. Jeder, der das Glück hatte, ihn im Stadion zu erleben, schwärmt bis heute von ihm. Nicht die 10 machte Pelé. Pelé machte die 10.

Warum Spieler wie er ganz gern mal die Hände in die Hüften stemmten, wenn der Gegner den Ball hatte? Ob er auch mal in der Abwehr aushalf? Pelé musste diese Fragen niemals beantworten. 1970, als das Fernsehen das erste Mal eine WM in Farbe übertrug, waren die Zuschauer geblendet von der Brillanz der Brasilianer (und vielleicht auch von der Schönheit ihrer goldgelben Trikots). Eine Milliarde Menschen sah das Finale zwischen Pelés Männern und den Italienern. Aus seiner Geschichte, die 1958 begann, wurde ein Mythos.

Entscheidend für dessen Entstehung war der Ort, an dem Pelés Geburt in der Weltöffentlichkeit mit 17 Jahren geschah, der *genius loci*: in Schweden, in Europa also, nicht in seiner Heimat. Pelé war somit jedermanns Entdeckung, die niemals nur Brasilien gehörte, sondern allen, von Anfang an. Und sein Lachen, seine Tränen, seine Spiellust verstanden alle; anders als den in sich versunkenen Garrincha, den nur die Brasilianer begriffen, diesen Rastelli mit den parallel verbogenen Beinen.

Pelé berührt alle. Das ist sein Zauber, noch heute. Er war im Urknall seiner Karriere angelegt.

Als er 15 Jahre alt war und spielen konnte wie ein junger Gott, zog er aus der Provinzstadt Bauru an die Küste, nach Santos, eine Hafenstadt, 60 Kilometer entfernt von São Paulo. Am Tag futterte er so viel wie möglich von seiner Proteinkost, denn er hatte Angst, auf immer für zu schmächtig befunden zu werden. Nachts weinte er vor Einsamkeit im Internat Vila Belmiro, wollte gar zweimal Reißaus nehmen, so sehr sehnte er sich nach Hause. Doch der Hausmeister Big Sabu überredete ihn zum Bleiben. Noch mit 15 Jahren debütierte er bei den Profis, weil sich ein gewisser Vasco das Bein gebrochen hatte. Pelé erhielt dessen Trikot mit der Nummer 10 und einen Vertrag, der ihm 15 Dollar im Monat einbrachte – und der auch noch 1958 galt. Nach Schweden reiste er keineswegs als Nobody: In der Staatsliga war er gerade mit 32 Treffern Torschützenkönig geworden.

Immer bedarf es der Krise, damit das Rettende wachsen kann. Und so wäre Pelés Stern bei der WM wohl niemals aufgegangen, hätten die Brasilianer zu Beginn des Turniers nicht entsetzliche Schwierigkeiten gehabt, ihr Spiel aufzuziehen. Gegen England reichte es gerade zu einem 0:0, was nun wirklich kein Ergebnis ist für einen Brasilianer – kein Tor, kein Spektakel. 1962 sollte Pelé verletzt aus dem Turnier (das Garrincha überstrahlte) ausscheiden und 1966 mit Brasilien schmählich scheitern. Hätte er nicht schon mit 17 Jahren seine Chance bekommen, man hätte bei der WM 1970 sagen müssen: Endlich wird dieser Pelé seinem phantastischen Ruf gerecht – leider ein bisschen spät.

Pelé aber lief auf im dritten Vorrundenspiel der WM '58

gegen die gefürchteten Sowjets, mit ihm der verzwirbelte Garrincha. Die beiden jungen Stürmer legten in den ersten Minuten los, als wollten sie alle Tore dieser Welt auf einmal schießen, und das gegen den gewaltigen Lew Jaschin. Obwohl Garrincha auf seiner rechten Seite Haken schlug, die man noch niemals gesehen hatte, war es der über sich selbst staunende Pelé, der die Welt für sich einnahm.

Man sollte Geschichte nicht von ihrem Ergebnis her betrachten. Brasilien war Ende der 50er Jahre keineswegs die Großmacht des Fußballs, als die sie sich heute, fünf Weltmeisterschaftstitel später, darstellt, der Ruf der Goldenen Tänzer sollte erst noch entstehen. Ihr Geschick war stets gerühmt worden, das Mannschaftsspiel jedoch schien in den entscheidenden Momenten zu schwach: 1938 im Halbfinale; ebenso 1950, bei der ersten WM nach dem Krieg, noch ganz in Weiß gewandet, als Ghiggia den stampfenden Riesenkessel des Maracana zum Schweigen brachte und Uruguay den Triumph. Seit 1954 spielt Brasilien meist in Goldgelb, im Viertelfinale in der Schweiz schied man gegen den Favoriten Ungarn durch ein 2:4 aus. Die Partie ging als »Schlacht von Bern« in die Annalen ein, weil in deren Verlauf zwei Brasilianer und ein Ungar vom Platz gestellt wurden.

Nach Schweden reiste somit keineswegs ein Kader, der von den Kontrahenten zu den aussichtsreichsten Anwärtern auf den Titel gezählt wurde – auch wenn man wusste, dass die Brasilianer diesmal nichts dem Zufall überlassen wollten, mit Psychologen angereist waren und sich so konzentriert vorbereitet hatten wie nie.

Auch für Pelé hatte es erst mal nicht sehr nach dem Sommer seines Lebens ausgesehen. Den Burschen plagte das Heimweh. Noch drei Tage vor Turnierbeginn bat er seinen Trainer Vicente Feola, ihn doch nach Hause zu schicken. Zudem schmerzte ihn eine erst kurz zuvor erlittene Knieverletzung. Der einzige Trost in der Fremde schienen die hübschen schwedischen Mädchen, die dem sehnigen Jungen schöne Augen machten.

In Pelés zweitem Match ließ noch wenig das Flair erkennen, das Feolas Mannschaft bis heute zugeschrieben wird. Gegen das wackere Wales quälte sich Brasilien im Viertelfinale über eine Stunde, bis Pelé es erlöste. Im Halbfinale glich Frankreich früh zum 1:1 aus, und erst dann begann seine Mannschaft Sicherheit zu finden, angeführt von diesem dunkelhäutigen Knaben, der drei Tore erzielte. Vor allem im Finale gegen Schweden aber kombinierte die *selecao* dann so unwiderstehlich, wie man dies erinnert, mit einem prächtig aufgelegten Didi, diesem leisen Spielgestalter, der seine Sturmspitzen Vava und Pelé brillant in Szene setzte; und so gilt das Weltmeisterteam von 1958 noch heute als Ensemble der Zauberkünstler.

Gegen die Gastgeber erzielte Pelé ein Tor, das ihn nach den Maßstäben der Fußballfreunde unsterblich machte: Er stoppte eine Flanke mit der Brust, hob den Ball über einen heranbrechenden Verteidiger und schoss ihn aus der Luft ins linke untere Toreck. Bei diesem wundervollen Treffer schien seine weiße 10 auf dem Rücken des blauen Trikots zu leuchten.

Der Junge hätte jeder Nummer diesen Schimmer geben können. Er begann auf einer Position, die nach traditionellem Verständnis von der 9 ausgefüllt wird; als Mittelstürmer. Also als Endpunkt der vom Regisseur eingefädelten Spielzüge.

Pelés Größe war, dass er im Lauf der Jahre lernte, beide Rollen auszufüllen, und beide mit Meisterschaft: dass er Vorbereiter und Vollstrecker sein konnte, oder, um mit seinen Mitspielern von 1958 zu sprechen, sowohl Didi als auch Vava. Es gab und gibt im Fußball viele Universalisten, die vielseitig verwendbar sind; fast immer sind diese

Spieler auf mehreren Positionen gut, aber auf keiner sehr gut. Sie können eine Mannschaft stützen, aber nicht prägen – und auch nicht schmücken, also allenfalls Säulen sein, niemals Ornament.

Pelé war immer Säule und Ornament zugleich. Spielte er etwas zurückgezogen, genügten ihm Streichelpässe, um Chancen zu erschaffen; so 1970, als ihn die Gegner mit verzweifeltem Ehrgeiz bewachten, angestachelt durch die Aussicht, den berühmtesten Spieler der Welt auszuschalten, getrieben durch die Furcht, von diesem vorgeführt zu werden. Wenn er sich zurückzog und seine Gegner mit sich nahm, spritzten seine Nebenleute Rivelino, Jairzinho, Tostao in die Gassen, die seine Ausweichmanöver gerissen hatten, Weltklassespieler allesamt.

Dazu bedarf es nicht nur des strategischen Geschicks, sondern auch der uneitlen Bereitschaft zum Verzicht, die starke Menschen selten kennen; eine Eigenschaft, die große Neuner niemals haben, denn diese Knipser folgen ihrem Killerinstinkt wie ein Bluthund seiner Spur. Pelé war nur derart eng fokussiert, wenn er in der Spitze spielte, wie 1958 in Schweden und oft für Santos. Zudem konnte er zwischen beiden Rollen binnen Sekunden wechseln.

Wer die 10 in seiner reinsten Form erleben möchte, muss sich das vierte Tor der Brasilianer im Finale von 1970 anschauen, das Pelé den Italienern zufügte, obwohl er es nicht schoss. Es war das letzte WM-Spiel seiner Karriere, zwölf Jahre nach Schweden, mit 29 Jahren auf der Höhe seines Könnens. Das 1:0 hatte er selbst nach einer weichen Hereingabe von Rivelino erzielt, indem er Burgnich um Kopfhöhe übersprang und den Ball ins kurze Eck drückte. Ein schnörkelloses, wuchtiges, ganz und gar uncharakteristisches Tor, das er allerdings noch heute als sein liebstes bezeichnet, doch damit muss er meinen, dass es sein wichtigstes war, denn Pelé wollte sich beweisen: Vier Jahre zuvor war Brasilien in England in der Vorrunde ausgeschieden, und nun sah der längst zum Weltstar gewordene Pelé für sich die Gelegenheit, seinen Ruhm für die Ewigkeit zu sichern.

Das abschließende 4:1 gilt zu Recht als eines der schönsten Tore der Geschichte. Die Hälfte der brasilianischen Mannschaft war daran beteiligt, es war in seiner mühelosen Choreographie ein perfektes Tor; eine Art Ideal, das zwölf Jahre später Tele Santana mit Zico und Socrates anstreben würde (vergeblich, denn ein Mann namens Paolo Rossi rächte die Italiener).

Jenes Tor also: Der Ball wandert, ohne dass die vom Halbfinale gegen die Deutschen ermatteten *azzurri* eingreifen, aus der eigenen Hälfte bis nach vorne, vor den Strafraum, wo er zu Pelé gelangt, der sich einem aufmerksamen Gegner gegenübersieht, mit vornübergebeugtem Oberkörper, bereit zum Sprint.

Pelé deutet den Hauch eines Dribblings an, einen seiner Alleingänge, die unter Verteidigern Panik auslösen. Doch der Italiener, Meister seines Fachs, starrt nur weiter auf den Ball. Es steht 1:3, alles ist noch drin, muss der Verteidiger denken, er schaut auf den Ball, er denkt, das reicht: Wenn du Pelé im Griff hast, kann es so schlimm nicht werden. Er sieht wohl nicht, dass die linke Seite entblößt ist, nicht, dass Carlos Alberto, der rechte Verteidiger der Brasilianer, einen Sprint angezogen hat und sich anschickt, in diese offene Flanke zu stoßen. Schon dieser Lauf ist ein Meisterwerk, selten gewürdigt; dass da einer die Gelegenheit erkennt, ein Berti von Haus aus, im Dampfbad des Aztekenstadions, vor 110 000 Zuschauern.

Der Einzige, von dem Alberto abhängt, ist Pelé; Pelé, der den Ball vor sich liegen hat, und einen Gegenspieler, der auf alles gefasst ist, nur nicht auf das, was kommt. Pelé schaut kurz zur Seite. Vielleicht hört er Alberto rufen, vielleicht sieht er aus dem Augenwinkel, dass da einer der seinen herangestürmt kommt, vielleicht weiß er es auch, Intuition, Gnade seiner Klasse.

Er spielt ab. Mit rechts, es ist ein fast lässiger Pass, den er hinausschickt auf die Seite, und da erst wird man als Zuschauer Albertos gewahr, der herangerast kommt, und die Italiener erkennen die Gefahr sofort, sie sind nicht gelähmt, sie reagieren, wollen die Lücke schließen.

Pelé bleibt einfach stehen, nunmehr ein Spaziergänger. Er ahnt, was kommt, er muss es ahnen, seine Haltung hat allen Stolz und alle Sorglosigkeit der Welt. Der Ball rollt wie maßgeschneidert in Albertos Lauf, der seinen Schritt nicht ändern muss, der Pass ist wie gemacht für ihn, er erreicht den Ball im Strafraum, ein Italiener stürzt heran, doch er kommt zu spät, Alberto zieht sofort ab, Albertosi reckt sich vergeblich, der Ball fährt mit aller Schärfe ins linke untere Toreck, seitlich neben dem Pfosten. Vielleicht Pelés schönstes Tor, in seinem letzten Weltmeisterschaftsspiel.

Es war die Krönung seiner Karriere. Er hatte zum dritten Mal erfüllt, was er sich als neunjähriger Junge vorgenommen hatte, 1950, bei der brasilianischen Urkatastrophe im Maracana, als er seinen Vater und alle anderen vor dem Radio weinen sah. Er würde seinem Vater den Weltmeister-Titel schenken, eines Tages.

Dondinho hatte sich über Jahre mit einem maladen Knie über die Plätze gequält, ein Fußballprofi, dem sein Körper nicht mehr folgte, und der doch spielen musste, um seine Familie zu ernähren. Niemals sah sich Celestine, Pelés Mutter, später ein Spiel ihres Sohnes im Stadion an. Stets fürchtete sie, dass er sich verletzte wie sein Vater, dass er sein Leben genauso verpfusche. Sie lebten in Bauru in einem Holzhaus mit Ziegeldach, das so undicht war, dass man bei Regen kaum ein trockenes Plätzchen fand. Édson

Arantes do Nascimento, so Pelés Taufname, wollte erst Flieger werden, bis er durch ein Krankenhausfenster einen toten Piloten erspähte.

Fußballer also. Seinen Spitznamen, der zur Marke werden sollte, erhielt er auf der Straße. »Pelé« hat keine Bedeutung; er verstand ihn lange als Beleidigung und ging auf jeden los, der ihn gebrauchte. Seine Mitspieler riefen es ihm wohl zu, wenn er aus Versehen die Hände benutzte; jedenfalls ist es beim Fußball entstanden (natürlich ist es das). Seine Familie aber rief ihn Dico und tut das heute noch.

Pelé sah im Fußball den Traum seines Lebens. Es geht den Jungen immer erst und vor allem um das Spiel, das die Väter tanzen oder fluchen lässt, es ist das Aufregendste der Welt, mit zehn Jahren, dieses Ritual der großen Männer, das Erlebnis, in einem Stadion zu sein, wo Tausende schreien, als ginge es um das Leben. Es ist ein aufwühlendes, lebensveränderndes Erlebnis, auch wenn man nur sein Herz verliert an einen Verein, der das nicht verdient hat. Oder wenn man beschließt, selbst eines Tages da unten zu stehen und seinen Vater zum Tanzen zu bringen.

Auf den Fotos seiner ersten WM geht sein Blick oft ins Nichts, ein Suchender, seine sanfte geschwungene Oberlippe erzählt von Unsicherheit; später schaut Pelé oft strahlend in die Kameras, das Licht der Sterne spiegelt sich in seinen Augen. Pelé traf Könige, Staatspräsidenten und drei Päpste. Die Menschen von Biafra, einem umkämpften Teil von Nigeria, stoppten ihr Blutvergießen, nur um ihn spielen zu sehen. 1969, in Bogotá, flippte die Menge aus, als ihn der Schiedsrichter vom Platz stellte – Pelé spielte weiter, der Unparteiische verließ unter Polizeischutz das Stadion. Außerdem komponierte Pelé Bossa-Nova-Lieder, spielte in einer Soap Opera mit, bekam weltweite Werbeverträge. Er war der erste Global Player des Spiels, lange vor David Beckham. Und heute ist er längst sein eigenes Denkmal.

O Rei, der König, wird der 63-Jährige von seinen Landsleuten genannt. Sie bewundern ihn noch immer – aber sie beten ihn nicht mehr an. Er studierte nach seiner Karriere, die bei Cosmos New York ausklang, wurde Geschäftsmann, Journalist und Politiker. Er hat den Ruf, sich selbst für den Größten zu halten, auch abseits der Stadien. Er ist ein Kind des ewigen Glücks, noch immer, und das irritiert manche Brasilianer. Es gibt natürlich auch Geschichten, die ihn als schlechten Verlierer schildern; als jähzornigen Mann, der schon mal einem Gegenspieler das Bein brach, wie 1965 dem Deutschen Willi Giesemann. Im Jahr 2000 ließ er sich auf einen lächerlichen Streit mit Maradona ein, wer denn nun der beste Spieler der Geschichte gewesen sei. Was blieb, war der Eindruck, dass Pelé seinen Einfluss bei der Jury mehr geltend machte, als er dies nötig gehabt hätte.

Selbst Pelé also hat Fehler. Das ist beruhigend.

Das 1000. seiner 1281 Tore schoss er natürlich im Maracana, per Elfmeter gegen Vasco da Gama, am 19.11.1969. Auf Bildern von jenem Treffer ist der Torwart, komischerweise, gar nicht zu sehen, so weit springt er nach vorne; seitlich drängen die Fotografen aufs Feld, der Schiedsrichter legt die Hände in die Hüften, und der Ball beult das Netz.

Dann läuft Pelé ins Tor, holt sich den Ball, küsst ihn. Die Menschen tragen ihn auf den Schultern davon. Er muss sein Trikot mit der 10 ausziehen, und bekommt ein neues übergestreift: die 1000.

Zidane

Die 10 lebt

»Zinédine ist am Ball ein Tänzer. Und er konnte alles, was er sah, nachmachen. Wie ein Stimmenimitator. Er sah einen Trick, eine Finte, eine Körperbewegung, eine Schusstechnik bei anderen Spielern, und sofort machte er es nach. Natürlich noch besser. Und weil ihm das Repertoire nicht genügte, erschuf er immer neue Abläufe, Körperbewegungen.«

Rolland Courbis, Zidanes Trainer in Bordeaux

»Ich habe mich für Fußball nie interessiert, bis ich ihn kennen lernte. Er hat mir beigebracht diesen Sport zu verstehen. Heute ist es so, dass ich genau weiß, was er als Nächstes tun wird. Ich kenne sein Spiel auswendig.«

Zidanes Frau Véronique (*Je connais son jeu par cœur* heißt wörtlich übersetzt: Ich kenne sein Spiel aus dem Herzen.)

»Der Junge war so anständig, dass ihm die Kniffe und Sauereien des Profigeschäfts erst mühsam beigebracht werden mussten.«

Gernot Rohr, Zidanes Jugendtrainer in Bordeaux

»Normalerweise treibt ein Spieler den Ball vor sich her, seine Füße dagegen schweben über dem Ball.«

Enzo Francescoli, Uruguay

»Es gab niemals eine echte Liebe zwischen Zidane und dem Juve-Publikum. Zidane – das ist Poesie, angelehnt an den Fußball. Aber der Tifoso bevorzugt die Prosa des Tores.«

La Gazzetta dello Sport

Es sind die Augen, die man nicht mehr vergisst. Die Augen eines Berbers, grün leuchtend unter zusammengewachsenen Brauen, sie dringen einem auf den Grund der Seele.

Zidane ist ein schüchterner Mann, und vielleicht sind deshalb seine Augen oft auf der Suche: aus Höflichkeit. Immerzu späht er nach irgendwas. Dazu kratzt er sich am Haarkranz oder an den Schläfen, knibbelt an den Ohrläppchen. Die Haut spannt sich über die Wangenknochen, das Kinn steht mächtig hervor. Von nahem sieht der Franzose viel jünger aus als im Fernsehen und verletzlicher. Vermutlich liegt es daran, dass man seine Tonsur nicht sieht, die Haartracht der Mönche. Das Anrührendste an ihm aber ist sein Lächeln. Er lächelt oft. Es verwandelt sein strenges Gesicht, und es steht ihm gut. Seine Mitspieler bei Real und in der französischen Nationalelf nennen ihn »Zizou«. Es hört sich fast zärtlich an: *Sisou.*

Vor seinem Debüt als Nationalspieler 1994 gegen die Tschechen sagte er zu seinem Trainer Aimé Jacquet: »Monsieur Jacquet, ich glaube, dass Corentin Martins zur Zeit besser in Form ist als ich, Sie sollten ihn anstatt mich auflaufen lassen.« Tschechien führte bis zur 75. Minute mit 2:0, dann wechselte Jacquet Zidane ein, der machte zwei Tore. Eins mit links, eins per Kopf. Die Legende Zidane begann. Nachts um ein Uhr rief er bei seinem Entdecker und Mentor Jean Varraud an. »Erinnern Sie sich an mich, Monsieur? Der linke Fuß und mein Kopfballspiel, das waren meine Schwächen, nicht wahr? Ich habe daran gearbeitet, oder?«

Das also ist die derzeit beste 10 der Welt – ein bescheidener, fleißiger Mann. Vermutlich ist Zidanes bemerkenswerteste Fähigkeit die, die Bewunderung, den Beschützerinstinkt und den Stolz seiner Mitspieler zu wecken. Sie machen alles für ihn, aus freien Stücken. Viele Zehner wurden von ihren Mitspielern nicht mehr als geachtet, manche gefürchtet und sicher auch gehasst. Zidane wird geliebt.

Er macht es sich nicht leicht. Immer vertraute er auf seine Klasse; seine Zurückhaltung legten früher viele seiner neuen Kollegen als Schwäche aus, bis sie irgendwann begriffen: Es ist Liebenswürdigkeit. Zidane dirigiert nicht, aber er führt die Mannschaft durch seine Art zu spielen. Bei Real Madrid hat er Raul und Figo nicht verdrängt, sie haben ihm Platz gemacht. Weil sie merkten, dass er ihnen nichts nimmt, sondern gibt. Selbst in diesem Ensemble der Weltstars, das an Klasse nur mit dem Real der 50er Jahre zu vergleichen ist, sticht er heraus. David Beckham mag mehr Geld mit all seinen Werbeverträgen verdienen; auf dem Feld klebt er am rechten Spielfeldrand, wirkt neben Zidane wie ein Komparse.

Die Rückennummer ist den Spielern im Fußball heilig, sie ist Glücksbringer, Machtsymbol, und manchmal bietet sie auch eine Art Nestwärme. Wenn Zidane für Frankreich aufläuft, trägt er die 10, das ist Ehrensache. Bei Juventus Turin spielte er mit der 21; die war bei Real besetzt, als er 2001 nach Madrid kam. Er sei der Neue, sagte er den Managern, sie sollten ihm irgendeine Nummer geben. Die 5 war frei, er nahm die 5. So zumindest erzählt er die Geschichte.

Selbst der grantelige Alfredo di Stefano, der Zuchtmeister der Vergangenheit, der sich bis heute für den Besten hält, den es je gab, und der schweigsame Fußballer als Weicheier ansieht, selbst dieser nennt den Franzosen *Maestro*.

Verblasst sind Zidanes Pleiten Mitte der 90er Jahre, als er mit Bordeaux und Juventus drei Europacup-Endspiele in Folge verlor und als einer galt, der für die großen Rendezvous nicht geeignet sei. Aber dann glänzte er im WM-Finale '98 und bei der EM 2000, schoss Madrid zur Champions League. In Italien lernte er zu gewinnen; doch dort fühlte er sich vom Systemdenken erstickt. Erst bei Real blühte er auf. Die 10 braucht Liebe und Luft, sonst geht sie ein.

Zidane, Jahrgang 1972, hat es auf seine Art geschafft, was stets das Beeindruckendste ist. Er ist sich treu geblieben und beweist, dass man auch ohne Machtansprüche Macht erhalten, dass man sich auch ohne Ellenbogen Platz und Anerkennung verschaffen kann. Was einem geborenen Anführer wie Michel Platini fast noch mehr imponiert als Zidanes Können: »Er kam, sah und spielte«, sagt die erste große 10 der Franzosen. »Drei Monate hat er bei Real gebraucht, dann haben ihn seine Mitspieler zum Chef ausgerufen, er hat es nicht gefordert. Sie haben sich von selbst seinem Spiel untergeordnet. Zidane musste nichts sagen, er musste nur Zidane sein.« Dafür braucht es kein überschäumendes Ego, dafür braucht es etwas viel Größeres: die Gewissheit, sich auf sich selbst verlassen zu können. »Im Leben«, sagt Zidane, »mache ich mich ganz klein. Wichtig ist für mich, ein Großer auf dem Platz zu sein.«

Wer die Hoffnung aufgegeben hat, dass das Schöne Spiel noch lebt, der muss ihn nur beobachten. Seine Bewegungen sind ein Genuss, das sagt selbst Michael Ballack, der ihm in der Eleganz von allen deutschen Spielern am nächsten kommt und doch so unterschiedlich ist. Zidanes Fußball ist der Fußball der Zukunft: uneitel, was die Defensivarbeit angeht, höchst erfinderisch bei Ballbesitz, im Lösen aus der Umzingelung. Wie Zidane das macht, das konnte so noch keiner vor ihm, das schnelle Drehen, die Täuschungen, der verblüffende plötzliche Raumgewinn, das Schattenhafte seines Spiels, das luftschöpfende Aufsprengen des Korsettfußballs. Zidane versteckt den Ball unter der Sohle und stiehlt sich dann davon. Er bewegt sich in ungewöhnlichen Winkeln und hat doch immer die Balance. »Zizou ist der Metronom unseres Teams«, sagt der unnachahmliche Thierry Henry, der vielleicht zurzeit beste Stürmer der Welt. Bei der WM 2002 fiel Zidane in den beiden ersten Spielen aus, die Franzosen bangten tagelang um seinen Oberschenkel, und die Elf des Weltmeisters tappte hilflos über den Platz. Im letzten Spiel versuchte Zidane, angeschlagen wie er war, das Ausscheiden zu verhindern – zu spät. Nun, bei der anstehenden EM in Portugal, werden Henry und sein Partner David Trezeguet wieder auf Zidanes Pässe lauern. Wenn er gesund ist, wird der Meister die beiden finden, wo auch immer sie sich verbergen.

So verkörpert er den perfekten Kompromiss zwischen dem nostalgischen Bild eines Regisseurs und dem uneigennützigen Mittelfeld-Motor der Moderne – er ist die 10, die alle Zeiten überdauern wird. An Zidane lässt sich beides loben: Technik und Effizienz. Während Zuschauer und Gegenspieler noch gebannt seine Einlagen zu begreifen suchen, sind er und sein Team schon am Ziel.

Immer erwarten alle von ihm Wundertaten: seine Kollegen, seine Sponsoren, sein Land, die Fachwelt, die begeistert ist, dass wieder eine Nummer 10 das Spiel bestimmt. Die Fans schwenken in den Stadien Plakate, auf denen steht: *Zizou, tu es le roi* ! (Zizou, du bist der König !). Diese Heroisierung ist ihm natürlich peinlich. Denn der König des französischen Fußballs ist für ihn immer noch Michel Platini. Während der WM im eigenen Land, 1998, saß dieser bei den Spielen der Gastgeber neben Staatspräsident Jacques Chirac, im Finale sogar mit dem Nationaltrikot unter dem Sakko. Zidane schaute beim Einlaufen in die Arena stets zu ihm hoch und später erzählte er, wie stolz er sei, für das Land von Platini spielen zu dürfen.

Zum ersten Mal begegneten sich die beiden französischen Fußball-Helden bei der EM 1984. Platini als Kopf der Nationalelf, Zinédine als 12-jähriger Balljunge im Stade Vélodrome von Marseille. Beim dramatischen 3:2-Halbfinalsieg nach Verlängerung gegen die Portugiesen stand er am Spielfeldrand, nur einige Meter von Platini entfernt, und genoss die Stimmung. »Ein solches Fieber habe ich seither in einem Stadion nicht mehr erlebt. Es fröstelt mich, überhaupt davon zu sprechen«, sagt Zidane noch heute.

Und trotzdem wurde Platini nicht sein Vorbild. Im Zimmer des jungen Zinédine im Marseiller Viertel Castellane hingen Poster anderer Stars. Eines von Enzo Francescoli, dem Mann aus Uruguay, der für Olympique Marseille Ende der 80er Jahre Regie führte, und das von Djamel Zidane. Der spielte bei der WM 1982 mit Algerien, bereitete eins der beiden Tore vor, mit denen der Außenseiter aus Afrika Deutschland 2:1 besiegte, ein fabelhafter Linksfüßer. Er wollte so werden wie sie. So elegant wie Francescoli, so trickreich wie Djamel.

Von Francescoli bekam der halbwüchsige Zizou ein Trikot, dass er noch heute als »mein Heiligtum« bezeichnet. Im Vergleich zu Zidane sind Francescoli und Djamel in der Historie nur Randnotizen. Jetzt ist es Francescoli, der von Zidanes Art schwärmt, den Ball zu führen; jetzt klebt Djamel Bilder des berühmteren Zidane in sein Fotoalbum.

Zinédine war nur selten in der Heimat seines Namensvetters – und der seiner Eltern. Er wuchs in Castellane auf, dem Problemviertel von Marseille. Es gibt dort viel Beton, schäbigen Beton. Und wenig Bäume, sehr wenige. Dafür viele *beurs*, in Frankreich geborene Kinder maghrebinischer Einwanderer, ungeliebte Abkömmlinge aus den ehemaligen Kolonien in Nordafrika. Die Leute hier nennen Zidane noch immer »Jasid« wie in seiner Kindheit, viele kennen sogar das Berberdorf Sidi Aisch, aus dem seine Familie stammt. Noch immer telefoniert er fast täglich mit Vater Smail: »Er hat mich geführt und mir immer geholfen.« Seine Scheu führt er auf die Erziehung zurück: »Meine Spielweise und meine Art sind das direkte Ergebnis der Lehren meines Vaters. Ich bin stolz auf ihn.«

Smail, ein Fabrikarbeiter mit einem Lohn nur knapp über der Armutsgrenze, wußte oft nicht, wie er Frau und Kinder ernähren sollte, und nahm daher noch eine Anstellung als Nachtwächter an. Seinen fünf Kindern predigte er die Schule der Minderheiten: nicht auffallen und wenn, dann durch Leistung. Die Dreifaltigkeit im Hause Zidane lautete: arbeite hart, bleib anständig, respektiere deine Mitmenschen. Es gibt kein Gespräch mit Zidane, in dem er nicht davon erzählt. Es ist für ihn die einzige Erklärung, warum er das geworden ist, was er heute ist: als Mensch, als Fußballer. Es klingt nicht aufregend genug für den aufregendsten Spieler unserer Zeit. Aber es ist wohl die Wahrheit. Dahinter steckt keine Vermarktungsstrategie wie beim inszenierten Lifestyle der Beckhams, es ist viel eher die Geschichte von Pelé, dem 17-jährigen Wunderspieler aus der Provinz. Zidane arbeitete hart, blieb anständig und respektierte seine Mitmenschen. Und er ist immer noch so. Das ist sein ganzes Geheimnis.

Auf der DVD *Comme dans un rêve* (Wie in einem Traum) sieht man in der ersten Szene, wie Zizou mit 18 Monaten auf einem Dreirad eine Straße entlangfährt. Dann hört man Jean Varraud und Jean-Claude Elineau erzählen, zwei ehrenamtliche Späher des AS Cannes, wie sie Zidane als 13-Jährigen beim Spiel von Castellane gegen Aix-en-Provence entdeckten. Der Kleine wechselte ins Internat nach Cannes, wo auch Johan Micoud, die 10 von Werder Bremen, ausgebildet wurde. Zinédine heulte sich nachts die Augen aus, weil ihn ein nie vermutetes Heimweh erfasste – ihm geht es wie Pelé. Er trainiert wie besessen, damit er abends so müde ist, dass er nicht mehr so viel an zu Hause denken kann. Aber auf dem Platz macht Zinédine allen etwas vor. Wird er mit bösen Fouls gestoppt, erinnert er sich an die Regeln der Straße: Wer geschlagen wird, schlägt zurück.

Rote Karten und Platzverweise häufen sich. In einem internen Bericht heißt es über ihn, »wegen seiner impulsiven Art wird er es zu nichts bringen«. Guy Lacombe, der damalige Internatsleiter, redet ihm ins Gewissen: »Wenn du den Rächer der Gerechten spielen willst, dann wirst du dir den Fußball für immer von draußen anschauen.« Lacombe rät ihm, nach jedem Training die Umkleidekabine zu putzen, wenn er sich abreagieren wolle. Am nächsten Tag verlassen alle nach der Einheit die Kabine. Nur Zizou nicht. Er holt sich aus einer Kammer Eimer und Scheuertuch und wienert die Duschen. Einen Monat lang verordnet er sich diese Lektion.

Er hat diese Schwäche bis heute nicht abgelegt. Seine Gefühle stauen sich an, bis sie unkontrolliert ausbrechen, und wenn ihn jemand nur lange genug piesackt, wie ein unbedeutender Herr namens Jochen Kientz, der bei einem zu der Zeit wenig bedeutenden Klub namens Hamburger SV spielte, revanchiert er sich schon mal mit einem Kopfstoß. Bei der WM 1998 kostete ihn sein Jähzorn die halbe Vorrunde.

Es gibt eine beeindruckende Dokumentation über jenen WM-Sieg der Franzosen, sie heißt *Les yeux dans les bleus* (Die Augen auf die Blauen), eine Reportage über das Innenleben der *Equipe Tricolore*. Die Kamera durfte sogar ins Heiligtum einer Mannschaft: in die Kabine.

Man sieht Zidane nach dem Platzverweis gegen die Saudis, wie er in den Umkleideraum tappt. Er wirft sein Trikot zu Boden, zieht die Schuhe aus, fingert Rasenstücke von den Stollen ab, mit denen er gerade einen Saudi getreten hatte. Er steht einfach so herum, lange Sekunden.

Ein paar Schnitte weiter, ein paar Tage später, sieht man Zidane im Bett liegen, aufgekratzt, er hört laut den Ohrwurm: *On ira tous au paradis* (Wir kommen alle ins Paradies). Er grölt mit. Die Mitspieler haben zweimal ohne ihn gewonnen. Sie haben ihm die Chance gegeben, zurückzukommen. Er kommt zurück. Gemeinsam erreichen sie das große Ziel. *Das Finale.* Am Tag des Endspiels verlässt Zidane als einer der letzten die Kabine. Ein Betreuer ruft ihm zu: »Zizou, dieses Spiel ist für dich«, und klopft ihm auf die Schulter. Dann geht die 10 raus und schießt zwei Tore. Gegen Brasilien. Für die Ewigkeit. Frankreich ist zum ersten Mal Weltmeister. Ausgerechnet ein *beur* macht die *Grande Nation* glücklich. Millionen Menschen feiern, Zidane wird der Liebling des Volkes.

Heute kennen beinahe alle Franzosen Castellane. Aber die Sorgen der Menschen dort blieben. Fast die Hälfte der jüngeren Einwohner ist arbeitslos, nach wie vor. Die große Hoffnung Fußball verblasst bereits. »Es können ja nicht alle Kinder der Vorstädte Zinédine Zidane werden«, hatte der Philosoph Alain Finkielkraut gleich nach dem Triumph der Franzosen gesagt.

Zidane selbst spricht nur ungern darüber, wie lange es dauerte, bis er sich als Franzose fühlte. Bis heute verweigert er sich aller Angebote, seine enorme Popularität für die Integration der Einwanderer einzusetzen. »Ich betreibe Sport, keine Politik«, sagt er. »Das einzige Vorbild, das ich sein will, ist das auf dem Platz.«

Das bist du, keine Sorge, Zizou, das bist du.

Der weite Fokus

»Wenn Fußball schön ist, dann ist es wie Ballett. Ein Ballett, bei dem die Tänzer in jedem Augenblick ihre Figuren improvisieren, die zu einer Flut anschwellen, wenn sie das gegnerische Ziel erreichen. Wenn einer der Tänzer den Platz, den er einnehmen soll, zu spät erreicht, oder wenn er eine Zehntelsekunde zögert, dann muss alles wieder von vorne beginnen.«

Françoise Giroud, Schriftstellerin

Warum bleiben in einem halbleeren Stadion die unteren Ränge stets frei, obwohl man von dort den Schweiß auf der Stirn der Spieler erkennt, ihre Rufe hört und das trockene Klatschen des Balles beim Pass? Weil man verdammt nochmal nichts sieht. Auf Höhe des Trainers hat der Fußball eine Dimension verloren: seine Tiefe. Im Gewusel der Beine Stellungsfehler auszumachen oder Lücken aufzuspüren, fällt selbst erfahrenen Trainern schwer, die sich nicht vom Fieber des Spiels anstecken lassen. Nicht umsonst setzte sich Sepp Herberger mitunter hoch droben auf die Ränge. Am schlimmsten ist es auf dem Platz: Wer wie wir gelegentlich selbst elf gegen elf kickt, auf einem hundert Meter langen und fünfzig Meter breiten Rasen, kennt das orientierungslose Gefühl des Mannes im Ballbesitz, den Zeitraffer, der unsereins ergreift, sobald der Ball am Fuße klebt, das Angst machende Schrumpfen des Spielfelds.

Dass dazu plötzlich nur noch die Trikots der Gegner zu sehen sind, ist eine, wenn man ehrlich ist, herbe Enttäuschung, denn all die glorreichen Ideen verschwinden, über die man sonst so gerne mit einem Bier in der Hand schwadroniert, und stattdessen spielt man den Ball quer, ein schönes Sicherheitspässchen, kriegt man schon keinen Anschiss vom Mittelfeldchef, den es auf einem solch kläglichen Niveau wie dem unseren immer noch gibt. Wie schwer es ist, ein Spielfeld zu beherrschen, denken wir hinterher und: Wie groß es sein kann! Aber so etwas würden wir natürlich nie schreiben.

Die besten Zehner besitzen zu ihrem Glück die Ruhe und den 50-Meter-Blick, den Fokus also für das ganze bespielte Feld, die beinahe seherische Gabe für den freien

Raum. Den Überblick, als würden sie das Spiel von einer höheren Warte aus sehen, die die dritte Dimension zurückgibt.

Diesen weiten Fokus zu haben ist eine bemerkenswerte Fähigkeit. Ihn einzusetzen erfordert eine Großzügigkeit des Denkens; die Verbindung von Phantasie und Realitätssinn, Spielwitz und Pragmatismus. Der Antipode dieses Spielertyps trug früher meist die 4 und die 9. Solche Leute verbeißen sich in ihre Aufgabe, haben die Witterung für die kleinsten Räume; ihr Fokus ist eng.

Die Tiefe wird nur von denen beherrscht, die klug genug sind, die Mechanismen des Spiels zu durchschauen – und im Gewimmel eine Struktur zu erkennen. Es ist eine Gabe übrigens, die nichts mit Intelligenz zu tun hat. Viele berühmten Spieler waren keine herausragenden Geister – wobei man sich vor Urteilen hüten sollte; wer sein Leben dem Spiel widmet, bildet sich früh kaum noch fort, und fehlende Bildung wird bekanntlich oft als mangelnde Klugheit missverstanden.

Zu allem Überfluss besitzen manche von ihnen auch noch eine andere Zeitauffassung. Als nähmen sie das Geschehen in Zeitlupe wahr und reagierten selbst schneller als andere. Als wüssten sie früher, was passiert. Kurzum: Sie beherrschen auch die vierte Dimension. Haben wir schon erwähnt, dass Zehner uns bisweilen ein wenig unheimlich sind?

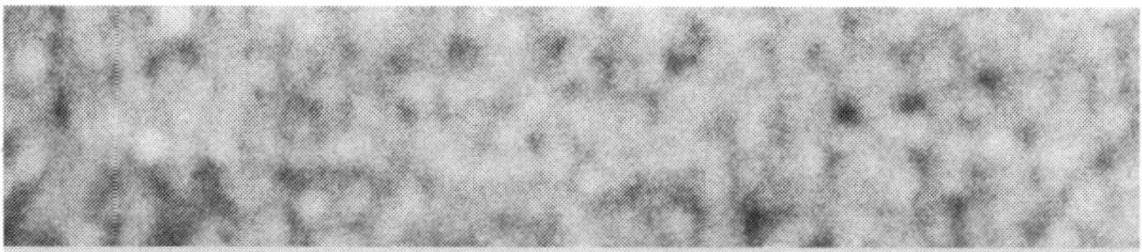

Netzer oder Overath?

Die deutsche 10

»Die Musik war so laut, dass man sein eigenes Wort nicht verstehen konnte. Dicker Zigarrenrauch vernebelte den Blick. Ich stellte mich an die Theke und bestellte ein Kölsch und schaute ein bisschen durchs Lokal. Auf einmal blieb mein Blick an ein paar mächtigen Füßen hängen. ›Mensch‹, dachte ich, ›das wäre ja ein Mann für den Zirkus. Und das Gesicht hast du doch schon irgendwo gesehen. War das nicht Günter Netzer? Der junge Bursche, von dem Hennes Weisweiler immer so schwärmte?‹ Ich pflanzte mich vor ihm auf. ›Du bist doch der Netzer, oder irre ich mich? Hör mal, mit solchen Füßen kannst du auch in der Bundesliga bestehen. Da haut dich so leicht keiner um.‹ Im ersten Augenblick fürchtete ich, Netzer würde sauer reagieren. Doch er schlug kräftig zurück. ›Warte noch ein bisschen‹, versprach er, ›dann werdet ihr diese Füße bald in der Bundesliga kennen lernen.‹«

Wolfgang Overath

»Overath hat die Grazie einer Primaballerina, das Durchstehvermögen eines Weltraumfahrers, die Intelligenz eines Einstein und die fußballerischen Qualitäten eines, na, was sollen wir sagen, nehmen wir den größten Superlativ – eben eines Wolfgang Overath.«

Journal de Deportes, Brasilien

»Was ist doch dieser Günter Netzer für ein Mann ! Athlet, wenn er zum Schuss ansetzt, ein Zauberer, der den Ball mit Radar zu lenken scheint, so millimetergenau und mit der richtigen Geschwindigkeit kommen seine Flanken. Und Mime zugleich, wenn er einem verlorenen Fußballgedanken nachtrauert, weil halt in einem Team nicht elf Genies stehen können.«

Süddeutsche Zeitung, Mai 1972

»Wäre ich ehrgeizig, wäre ich ein zweiter Pelé geworden.«

Günter Netzer

In den 60er Jahren bildete sich in der deutschen Nationalmannschaft als taktische Formation jenes 4-3-3 heraus, das noch immer die Tresengespräche bestimmt; eine Aufstellung, die einen zentralen Mann im Mittelfeld vorsieht. Da zuvor schon viele Spielmacher die 10 trugen (weil sie oft als nominell halblinke Stürmer im WM-System aufliefen), bekam dieser Spieler die 10 übergestreift – sie wurde zum Symbol für den Mittelfeldchef. Zwei Spieler gaben der Zahl in Deutschland ihre Wirkungsmacht: Günter Netzer von Borussia Mönchengladbach und Wolfgang Overath vom 1. FC Köln.

Die Reaktion auf die Kunst der Brasilianer war zuvor im internationalen Fußball die Härte, das Einigeln gewesen, das verzweifelte Besinnen auf die eigenen Stärken. Ebenso mauerten in der noch jungen Bundesliga die schwächeren Klubs wie nie zuvor. Overath und Netzer schienen Befreier aus den Fesseln des Riegeldenkens zu sein, sie standen für die Zukunft des Spiels.

Wenn heute noch immer reflexartig vom Regisseur gesprochen wird, der doch den Deutschen so fehle, dann schwingt stets die Sehnsucht nach jener Epoche mit, nach der Übersichtlichkeit, der klaren Struktur, nach den Tempowechseln, die es im Hochgeschwindigkeitsfußball nicht mehr geben kann; und auch nach der Schönheit des Spiels, das Overath und Netzer inszenierten. Und das in einem Land, machen wir uns nichts vor, das 1971 Berti Vogts zum Fußballer des Jahres wählte, im Jahr des Gladbacher 7:1 über Inter Mailand.

Es ist eine vergebliche Sehnsucht, weil das Spiel solche Figuren kaum noch zulässt, und zugleich eine sehr verständliche. Denn Feldherrn wie Netzer und Overath mag es nie mehr geben – wohl aber Persönlichkeiten, die bereit sind, derart viel Verantwortung zu übernehmen. Netzer und Overath waren in ihren Klubs wahre Zehner, in der Nationalmannschaft jedoch Rivalen. Wenn sie gemeinsam randurften, zwölf Mal war dies der Fall, endete dies fast immer in einer Enttäuschung – wie beim 0:0 in Albanien 1967, das den Deutschen die Europameisterschafts-Qualifikation verwehrte.

Zwei so unterschiedliche Temperamente: der eine, Netzer, war Einzelgänger, Sonderling und launische Künstlernatur, der erste Popstar des deutschen Fußballs, mit zeitgemäßem Rebellenimage, weil er sich mit seinem Trainer anlegte und seine Pässe von gedanklicher Weite kündeten; der andere ein zum Aufbrausen neigender Ehrgeizling, abseits des Platzes unauffällig. Beide begnadete Techniker, deren Spielanlage so ähnlich war, dass sie, waren sie gemeinsam in einer Mannschaft, dieselben Bälle wollten, dieselben Einfälle hatten, sich gegenseitig auf den Füßen herumstanden und das Spiel verlangsamten und zur Lähmung verdichteten. Sie blockierten sich, statt sich zu beflügeln.

Beide besaßen die Gabe zu 60-Meter-Pässen, die die Bälle aus dem Himmel tropfen ließen, als hingen sie an Fallschirmen. Netzer spielte eleganter, hatte einen raumgreifenden Schritt, probierte die unmöglichsten Dinge, hebelte ganze Abwehrreihen mit einem getupften Pass aus und zelebrierte seine Freistöße wie ein heiliges Ritual. Overath konnte herrlich Gegner narren, Linksfuß durch und durch, ein Fummelkünstler, der es bisweilen übertrieb, dem seine Ballverliebtheit vieles schenkte und manches verwehrte, abzugeben war für einen wie ihn, sich vom Liebsten zu trennen. Er schien keine Hemmungen zu kennen, zauderte selten, verströmte Dominanz.

Zugleich war Overath hart im Nehmen, viel härter als Netzer, der Zartbesaitete; Overath brauchte keinen Hacki Wimmer, der ihm den Rücken freibiss und ihn aus den gröbsten Schwierigkeiten herauspaukte, er konnte mit Sprüchen und Tritten selbst austeilen, dass es krachte, was ihn als Sportsmann stets ein wenig unheimlich sein ließ – *Ja, mein Temperament* nannte er seine Autobiographie –, ihm als Spieler aber Respekt einbrachte, den Ruf des Unzerstörbaren, des Allesverschlingers. Und Dankbarkeit von den Mitspielern, die ihren Denker nicht zu schützen brauchten.

Seinen Konkurrenten wiederum mussten dessen Kameraden schützen, und das dürfte einer der Gründe gewesen sein, warum dieser Netzer, der mit seinem Klub Borussia so viel mehr Erfolge feierte, zwei Meistertitel, der die Intellektuellen zum Schwadronieren brachte, die Romantiker zum Schwärmen, warum dieser Netzer in der Nationalmannschaft nur während einer kurzen Zeitspanne 1972 Fuß fasste, und bei drei Weltmeisterschaften Overath der Mann des deutschen Mittelfelds war, nur Overath, der mit seinem Team Zweiter, Dritter und Erster wurde.

1974 bekam Netzer seinen einzigen WM-Einsatz, für 20 Minuten, ausgerechnet gegen die DDR. In der Halbzeit hatte ihn das Publikum in Sprechchören gefordert. Overath war außer sich, dass er raus musste aus diesem Spiel, in dem nichts zusammenlief, ganz Heißsporn, und Netzer war außer sich, dass er rein musste, in diesem Spiel, in dem nichts zusammenlief, er spürte die Ohnmacht der Mitstreiter. Und dann fiel sieben Minuten nach seiner Einwechslung das 0:1. Zwei Wochen später, vor dem WM-Finale, imitierte Netzer im Training Johan Cruyff so gut, dass er Berti Vogts, der ja Cruyff zu stoppen hatte, völlig entnervte. Doch auf dem berühmten Gruppenbild mit

Pokal, nach dem 2:1-Sieg, ist nur Overath zu entdecken, Netzer fehlt. Bundestrainer Schön hatte ihn auf die Tribüne gesetzt.

So ähnlich sich Overath und Netzer als Spielertypen waren, so unterschiedlich ist ihr Lebensentwurf. Overath, das jüngste von acht Kindern, wohnt noch immer in seiner Heimatstadt Siegburg, er spielte 16 Jahre lang für den 1. FC Köln, trotz aller Arbeitswut bodenständig bis ins Mark. Er verwaltet heute vor allem seine Immobilien, verweigerte sich jahrelang den Avancen seines ehemaligen Klubs, diesen aus dem Chaos zu führen, ein Familienmensch, dessen Mutter jung starb und der zwei Brüder durch den Krieg verlor; der vor wenigen Jahren ein Waisenkind adoptiert hat und noch immer für sein Leben gern kickt. In der Halle spielt er noch mit seinem Bruder Helmut zusammen, der 20 Jahre älter ist und nahe des Tors darauf lauert, dass der Junior alle Mann austanzt und ihm dann den Ball schussgerecht serviert, was in jedem Spiel mindestens einmal zum Törchen reicht. Bei der Uwe-Seeler-Traditionself führt Overath den Ball wie dazumal, er sieht genauso drahtig aus, mit 60 Jahren, hat sein altes Wettkampfgewicht, federt noch immer auf den Zehenspitzen, die Mähne ist grau geworden, doch er zieht die schmalen Lippen konzentriert nach unten wie früher, drückt das Kreuz durch und guckt und dreht sich und guckt, schüttelt seine Gegenspieler, die zumeist in der Landesliga kicken, also durchaus ordentlich, mit kleinsten Bewegungen ab, das linke Fußgelenk bereits für den Außenristpass lockernd. Wenn er endlich abspielt, muss es ein feines Pässchen sein, das den Aufwand gelohnt hat, nicht mehr ganz so steil wie früher, die Jungs sind ja alle nicht mehr die Schnellsten. Sein Feuer ist noch da, die Gesten sind noch da, die Ideen sind noch da, es ist immer noch Overath, der da spielt, der große Overath.

Netzer wiederum hat man seit langem nicht mehr gegen einen Ball treten sehen, und er schaut auch nicht so aus, als habe er das in den letzten 25 Jahren oft getan. Von seinen Sturmläufen mit den Gladbacher »Fohlen« aber schwärmen Fußballfans noch heute.

Er spielte drei Jahre bei Real Madrid, er machte als Manager aus dem Hamburger SV einen Meisterklub, heute wohnt er in Zürich und ist zum mächtigsten Mann des deutschen Fußballs aufgestiegen, als Chefkritiker der ARD und Mitinhaber der WM-Fernsehrechte. Netzer, Sohn eines Samenhändlers, ist das, was man ohne nachzudenken eine Kultfigur nennt: ein Typ, etwas verschroben, verdreht sprechend und doch kristallklar, beliebt, weil er sich nicht wichtig zu nehmen scheint, leise, kein Mann fürs Fernsehen also – sollte man meinen. Im persönlichen Gespräch ist er schlagfertig, liebt die Ironie. Sein glamouröser Lebensstil, der seinen Ruf einst bestimmte, scheint fern.

Netzer prägt die Gegenwart des Fußballs und gestaltet die Zukunft mit; Overath ist ein Mann der Vergangenheit, und das ist ganz nach seinem Geschmack. Nur vor einer WM, wenn nachts die Spiele aus alten Zeiten über die Sender gehen, sieht man ihn wieder. Die 10 aber trug Overath bei seinen Turnieren nicht, und das fuchst ihn noch heute.

Jene Hand voll Länderspiele jedoch, die Netzer bestimmen konnte, woben einen Mythos, der an Kraft zunimmt, je mehr Jahre ins Land gehen. Es waren vor allem die beiden Spiele gegen die Sowjetunion (4:1 und 3:0), dazu das 2:1 gegen Belgien. Und natürlich das Wunder von Wembley, der Erfolg über England, den eine demütige deutsche Mannschaft errang, die als entmutigter Haufen angereist war, der nach dem Berner 3:2 wirkungsmächtigste Sieg der deutschen Fußball-Geschichte.

Jenes 3:1 in England brannte sich ins kollektive Gedächtnis der Deutschen als Goldenes Spiel ein, als Beweis, dass auch die Nation der Kraftmeier ästhetischen, unberechenbaren, herrlichen Fußball spielen kann, als ewige Rechtfertigung deutscher Ballkunst, als Referenzpunkt aller Kritikaster, als Verpflichtung für alle nachfolgende Generationen, und deswegen: als ewiger Maßstab, der auch Rudi Völlers Spieler 2004 nach Portugal begleitet.

Netzer, nicht Overath, spielte bei jenem Match in London. Ganze Generationen von Reportern schreiben seitdem, dass er damals »aus der Tiefe des Raumes« kam. Sehen wir uns das Spiel an.

Das Wunder von Wembley

Es ist der 29. April 1972, der Tag des Viertelfinal-Hinspiels der Europameisterschaft zwischen England und der Bundesrepublik Deutschland. In London regnet es in Strömen, Fritz-Walter-Wetter, und in Bonn ist einen Tag zuvor das konstruktive Misstrauensvotum der CDU gescheitert. Die Bayern-Stars haben gerade in Duisburg 0:3 verloren, sind im Europacup blamabel mit 0:2 gegen die Glasgow Rangers ausgeschieden. Und auch die Gladbacher Nationalspieler wurden zuletzt in der Bundesliga vorgeführt. Der deutsche Fußball fühlt sich sowieso nicht besonders. Nach dem Bestechungs-Skandal bleiben die Fans aus; das Vertrauen in den Sportsgeist der Profis ist erschüttert. Gen England fährt eine Elf, von der die Deutschen nicht viel erwarten. Sie steigt ab im Welwyn Garden City Hotel – wo man sich ein paar Stunden vor dem Match zum Bolzen im Park trifft, es ist ja eh alles egal. Soweit die Überlieferung.

Die Aufzeichnung beginnt. Die Spieler lauschen der Hymne in hellblauen Trainingsjacken. Uli Hoeneß steht vor seinem zweiten Länderspiel, auch Paul Breitner sieht überragend jung aus. Netzer trägt lange Koteletten und hat die Hose sehr hoch gezogen. Zwei Minuten zuvor, das erzählte er später, hat er zu Beckenbauer gesagt: »Du, Franz, wenn wir heute weniger als fünf Stück kriegen, dann haben wir ein Riesenresultat erzielt.« Die Engländer schauen selbstbewusst drein. Fünf Weltmeister von 1966 stehen noch im Team, darunter der Torhüter Gordon Banks, der vor seinem 70. Länderspiel um die Hüfte verdächtig breit wirkt. Im Tor der Deutschen steht ein äußerst dünner Sepp Maier. West Germany spielt im grünen Trikot mit weißem, schmucklosen Rundkragen. Die Nummern sind weiß. Netzer hat die eins und die null auf seinem Rücken. Die 10.

Hunderttausend Menschen verfolgen dieses Spiel im Wembley-Stadion; die Deutschen haben hier noch niemals gewonnen. Zwölftausend ihrer Fans sind mitgereist. Zu Beginn des Spiels hört man sie nicht.

Bei seinem dritten Ballkontakt lässt Netzer die Kugel zu weit vom Fuß springen und verliert sie. Kurze Zeit später leitet ein entsetzlicher Fehlpass von Beckenbauer ein wildes Gefummel im deutschen Strafraum ein. So geht es los, das Jahrhundertspiel.

Die Engländer flanken mehrfach hoch vors deutsche Tor, und Sepp Maier wirft sich in die Bälle und faustet wie ein Besessener. Wimmer dribbelt, ja: Wimmer! Beckenbauer wird gefoult, Netzer streicht ihm durch die Haare. Von den Rängen hört man nun Fans, die seinen Namen rufen. Die Deutschen stoßen überfallartig in die Lücken des Mittelfelds vor, und da sind fast nur Lücken. Sie spielen sehr viele Doppelpässe. Sie überrumpeln die Hausherren. Vor allem Netzer tut sich hervor. Er holt sich die Bälle manchmal im eigenen Strafraum und spurtet dann drauflos, mit wehenden Haaren und rudernden Armen. Doch wenn er den Ball verliert, verlässt ihn seine Kraft schlagartig. Ein seltsamer Spieler.

Die erste Chance der Deutschen hat der Gladbacher, nach einer flachen Flanke von Grabowski. Netzer tritt halb über den Ball, und Banks rettet vor Müller. Einmal ist das Leder zwanzig Meter entfernt, und Netzer bettet die Hände in die Hüften. Dann wieder schnappt er sich den Ball und stürmt nach vorne, mit langen Schritten, windet sich im höchsten Tempo durch vier Mann hindurch, spitzelt ihn nach einem Spurt von 70 Metern nach vorne zu Müller – doch Banks hält dessen Schuss.

Die deutsche 10 hat Platz und keinen Bewacher und freut sich seines Lebens. »Das Mittelfeld gehört der deutschen Mannschaft«, sagt der Reporter, dessen Stimme wir nicht erkennen. Es stimmt.

Die Engländer sind hüftsteif und gedankenlahm. Sie gehen hart in den Mann, wenn sie in der Nähe stehen, haben aber keine Ahnung, wie sie das deutsche Spiel unterbinden sollen. Wenn sie am Ball sind, kicken sie planlos englisch wie aus dem Klischee. Sie wissen es noch nicht, aber sie werden sich nicht für die WM 1974 qualifizieren, und das völlig zu Recht. Das 1:0 für Deutschland durch Hoeneß fällt nach einem haarsträubenden Fehler des berühmten Bobby Moore in der 26. Minute. Der nicht minder berühmte Banks fällt sehr langsam.

Netzer rennt noch mehrfach in sehr direkter Linie nach vorne, den Ball eng am Fuss. Er muss keine Haken schlagen – es stellt sich ihm keiner in den Weg. In die Halbzeit marschiert er hinter Höttges, der deutschen Nummer 2.

Zu Beginn der zweiten Halbzeit macht Netzer weiter, wo er aufgehört hat. Mit Beckenbauer spielt er so sein Spiel. Er neigt sehr dazu, auf den letzten Drücker abzuspielen. Man könnte ihn beinahe für lässig halten. Beckenbauer stürmt noch immer nicht sehr oft nach vorne, zu gefährlich scheinen die Hausherren, die viele Bälle einfach hoch in den Strafraum der Deutschen bolzen. Die Engländer drängen jetzt. Sie greifen im Mittelfeld früher an. Sie kämpfen durchaus. Sie wollen ganz offensichtlich nicht verlieren. Einer trifft per Drop-Kick die Latte des deutschen Tores, die Nummer 3 ist es, Hughes.

Hoeneß wuselt überall herum. Beckenbauer verliert fast keinen Ball. Wimmer spielt zwei Mann aus. Gerd Müller grätscht vor dem eigenen Sechzehner. Doch die Engländer schnüren die Deutschen jetzt ein, die Gäste kommen nur noch selten. Netzer wetzt wieder zwei-, drei Mal mit dem

Ball los, es ist ein herrlicher Anblick. Nur seinen Abspielen fehlt mitunter die Präzision.

Die Engländer schießen dann doch das 1:1, in der 77. Minute. Ein Tor, wie es eben fällt, wenn man drückt und drückt und aus allen Lagen draufhält. Und sie greifen weiter an. Sie wollen die Deutschen schlagen. Die 82. Minute bricht an. Die englischen Fans singen nun sehr laut: »You'll never walk alone.« Es steht noch immer 1:1. Der Reporter sagt: »Die große Frage ist: Kann die deutsche Mannschaft dem Druck standhalten?« Ein 1:1 wäre ein Wunschergebnis, in zwei Wochen ist das Rückspiel in Berlin.

Dann, aus dem Spielverlauf nicht notwendig zu erahnen, der Konter der Deutschen. Held rast in der 84. Minute los, Held bricht durch, Held fädelt ein. Elfmeter!

Netzer naht. Netzers linkes Knie berührt beinahe den Boden, der rechte Fuß ruht vorne, nahe des Balls; er legt die Kugel mit den Fingerspitzen beider Hände achtsam zurecht. Er achtet auf jedes Detail, als wäre der folgende Schuss anders nicht zu bewerkstelligen. Netzer läuft an, Netzer schießt. Nicht sehr platziert, mit rechts, von ihm aus in Richtung linkes Toreck, halbhoch. Banks hat keine rechte Körperspannung, berührt den Ball nur, lenkt ihn ins Netz.

Netzer springt, reißt die Arme hoch und springt: 2:1! In seiner nächsten Aktion wagt er in der eigenen Hälfte ein Dribbling, verliert den Ball. Ein Engländer jagt ihn knapp über Maiers Tor. Man hört die deutschen Fans singen: »So ein Tag, so wunderschön wie heute.«

Die Engländer haben noch eine Gelegenheit, vergeben sie. Die deutschen Fans singen: »Hi-Ha-Ho, England ist k.o.!« Wieder ist die deutsche Elf im Angriff. Hoeneß zieht nach innen, passt auf Müller, der dreht sich, trifft aus 14 Metern ins Eck, in der 89. Minute. 3:1 für Deutschland in

Wembley. Ein Wunder. Die Spieler umringen den Torschützen. Auch Netzer eilt herbei, hüpft von hinten auf das Jubelpack.

Schlusspfiff. Der Reporter sagt: »eine Sensation des Weltfußballs.« Wimmer und Netzer umarmen sich herzlich. Die Spieler gehen vom Platz, da ertönt die englische Hymne. Alle bleiben stehen, wo sie gerade sind. Netzer im 5-Meter-Raum vor dem Tor. Als die Hymne verklungen ist, wartet er auf Banks, sagt ihm etwas. Es sieht aus, als wolle er sich für den ungenauen Elfer entschuldigen.

Die Übertragung bricht ab.

Das ist es also, das 3:1 der Deutschen in England 1972. Eine nach heutigen Maßstäben natürlich etwas langatmige Partie, mit einigen erinnerungswerten Momenten. Viele Attacken wirken rasant, vor allem aber deshalb, weil sich die Spieler drumherum kaum bewegen. Man sieht viele Außenristpässe und viele Dribblings. Viel Mut, viel Tatkraft. Auch fürchterliche Fehler. Statt langer Bälle setzen die Deutschen auf konzentriertes Kurzpass-Spiel. Auf beiden Seiten wird grundsätzlich kein Spieler angegriffen, der zum Flanken ansetzt. Ein 1:1 wäre auch in Ordnung gewesen, alles in allem.

Tja. Wir waren ein wenig enttäuscht. Das perfekte Spiel, es war nicht perfekt. Warum ein solcher Mythos entstand, der ja vor allem der Mythos Netzer geworden ist, obwohl doch etwa Wimmer und Hoeneß auf ihre Weise ebenfalls überragten? Der Feuilleton-Reporter Karl-Heinz Bohrer schrieb hernach in der FAZ: »Der aus der Tiefe des Raums kommende Netzer hatte Thrill.« Es ging Bohrer in seinem Artikel nicht um Netzer, es ging ihm vor allem um den »Thrill«, um jenes Fieber also, das auch den laienhaften Betrachter in einem englischen Stadion erfasst. Doch seine Formulierung ging spätestens dann in den Phrasenschatz des deutschen Fußballs über, als zur WM 1974 ein Essayband erschien mit dem ewigen Titel *Netzer kam aus der Tiefe des Raumes.*

Sie wird noch heute zitiert von Journalisten, die das Spiel niemals gesehen haben, ganz so, als sei damals die Entdeckung der dritten Dimension im Fußball eine völlig neue Erkenntnis gewesen. Dabei, das sagt auch Netzer selbst, war das Wechselspiel zwischen Libero und Mittelfeldchef bereits in der Bundesliga üblich und Netzers auf Tempiänderungen beruhendes Spiel den Fachleuten längst bekannt.

Aber es war eben Wembley. Und es war 1972, als Live-Spiele in Farbe noch eine ganz eigene Kraft entfalteten, eine Kraft, die Menschen gefangen nehmen konnte, und die der Fernseh-Fußball heute schlicht nicht mehr besitzt.

Es ändert ja nichts. Netzer war trotzdem ein wunderbarer Fußballer, vielleicht der aufregendste, den die Deutschen jemals hatten.

Doppelpass: Netzer und Overath im Gespräch

An einem Novembermorgen um 8.35 Uhr war es so weit: Die beiden großen Zehner des deutschen Fußballs saßen im Kölner Dorint-Hotel an einem Tisch. Netzer hatte seit Schlag acht auf seinen alten Gegenspieler und Freund Overath gewartet, der aus dem nahen Siegburg herandüste, wo er am Abend zuvor zum Ehrenbürger ernannt worden war. Um zwanzig nach acht rief Overath an: »Ich bin in fünf Minuten da.« Netzer lachte: »Warten Sie's ab. Der braucht mindestens noch eine Viertelstunde, dieser Kerl.« Und so war es dann auch. Die beiden umarmten sich zur Begrüßung, schlugen sich auf die Schultern. Sie sind heute fast gleich groß – auch wenn Overath Netzer noch immer nur den »Langen« nennt.

Wir haben versucht, das im Folgenden abgedruckte Interview nach unseren Vorstellungen zu führen – aber bleiben Sie mal am Ball gegen zwei der besten Spielmacher der Welt. Manchmal sprechen die beiden sich direkt an, manchmal wenden sie sich an uns. Lassen Sie sich davon nicht verwirren, das ist nur einer ihrer Tricks.

Die Abschrift des Gesprächs haben wir nur behutsam bearbeitet. Denn die Wahrheit liegt auf dem Platz, das war so und wird immer so sein.

Herr Netzer, Herr Overath, als Pelé 1958 die Weltbühne betrat, waren Sie 14 und 15 Jahre alt. Haben Sie die Geburt des Mythos um die Nummer 10 selbst erlebt?

Overath: Das war ja viel zu weit weg, einen Fernseher hatten damals noch die wenigsten. Ich denke, das war bei Günter dasselbe ...

Netzer: Ich habe das Finale '58 im Fernsehen gesehen.
Overath: Wir haben beide später gegen ihn gespielt. Einmal habe ich mit ihm sogar zusammengespielt bei der Weltauswahl. Sensationell. Pelé war der größte Zehner überhaupt – weil er beides konnte, vorne Tore, aber eben auch ein Spiel machen.
Netzer: Ich sehe das genauso wie er. Jetzt sind wir schon beim Kernpunkt: Was ist überhaupt der Zehner? Wenn wir von Zehnern reden, reden wir beide von unserer Art Zehner. Die ein Spiel lesen können, eine Mannschaft anleiten, die sich verantwortlich fühlen, die sich zum Mittelpunkt machen. Die Begrifflichkeit vom Zehner hat sich gewandelt. Aber es steht außer Frage: Wenn einer die 10 trägt, sagt er damit etwas aus. Heute gelten Profis ganz einfach deshalb als Führungsspieler, weil es gute Spieler sind. Deshalb kam ich ja im vergangenen Herbst in dieses Theater mit Ballack hinein.

Ballack trägt die 13. Sie schrieben in einer Kolumne, er sei als Kind zu sehr vom Kollektivdenken der DDR geprägt worden, deswegen sei er auf dem Platz nicht dominant genug.
Netzer: Was ich sagen wollte, war: Unser Ausdruck als Persönlichkeiten, als Spielmacher war damals ein anderer. Unser Auftreten auf dem Platz war anders. Pelé war durch seine überragende Aura jemand, der immer gesucht wurde. Wir wurden nicht gesucht, wir haben den Ball gefordert.

Wir haben Michael Ballack gefragt, warum er nicht bestimmter auftritt, um seine Fähigkeiten besser zu entfalten. Ein großes Ego, sagt er, sei nicht alles.
Netzer: Sehen Sie, nichts anderes habe ich doch gesagt und bin dafür fast geprügelt worden. Ich habe doch nichts Negatives über Ballack gesagt. Er ist in Ordnung. Ich habe

nur gesagt, er ist nicht der Typ dafür. Ich habe ihm attestiert, dass er wahrscheinlich der torgefährlichste Mittelfeldspieler Europas ist, wahrscheinlich auch der kopfballstärkste Europas. Pelé war, da gebe ich Wolfgang Recht, der kompletteste Spieler, den es je gab. Maradona war vielleicht der bessere Spieler.

Das müssen Sie erklären.

Netzer: Der hat besser gedribbelt, der hat genialere Dinge vor dem Tor gemacht.

Overath: Pelé hatte aber die größere Ausstrahlung. Die 10 hat ja noch andere Charakteristika. Wenn Können und Ausstrahlung zusammenkommen, ist es der ideale Zehner. Ich glaube zum Beispiel, dass der Lothar Matthäus überhaupt kein Zehner war.

Netzer: Ganz genau. Deswegen ist das so interessant, wie jeder diese Tradition interpretiert hat. Man kann den einen nicht nahtlos mit dem anderen vergleichen. Man muss sich auch fragen, ob es richtig ist, heute einem Spieler diese Nummer zu geben, die sofort Erwartungen weckt. Weil alle berühmten Zehner überragende Spieler waren, weil die 10 Synonym ist für den besten Spieler einer Mannschaft, weil man mit dieser Nummer bekundet, dass man eine Führungsrolle innehat. Die Nummer kann einen Spieler belasten, manche wollen das nicht. Weil sie wissen, damit drücke ich etwas aus, das ich nicht bin. Das wird mit keiner anderen Nummer verbunden. Wenn sich die Leute ein Spiel anschauen und sie kennen die Mannschaften nicht, schauen sie zuerst, wer hat die 10 ? Das muss ja der beste Spieler sein, eine Persönlichkeit. Er muss das Spiel dirigieren können. Das wissen die Stars von heute. Und sie wissen auch, dass sie nicht so sind.

Wie entstand dieser Mythos denn in Deutschland? Gab es ihn schon, als Sie noch in der Jugend spielten?

Overath: Ich hatte schon immer das Gefühl: Die 10 ist eine Figur, die nimmt das Spiel in die Hand, die will etwas bewegen. Heute spielt der Lottner beim FC. Auch wenn er die 20 trägt, er ist eigentlich von seiner Anlage her ein Zehner. Ein glänzender Techniker. Aber ... der ist manchmal 20 Minuten gar nicht am Ball. Das hätt's bei uns nicht gegeben, auch wenn's bei uns noch so schlecht lief. Wir sind verrückt geworden, wenn das Spiel so an uns vorbeilief. Wir haben geschrien und geflucht ...

Netzer: Wir haben es nicht zugelassen, dass die ohne uns gespielt haben.

Overath: Das zeichnet einen Zehner aus: Er will. Er will den Ball haben, er will führen, er will Verantwortung übernehmen. Es gibt große Techniker, zum Beispiel den Heinz Flohe, beim FC früher ...

Netzer: ... besser als Overath, übrigens.

Overath: Es gibt Solisten, die zum Spielmacher passen. Flohe hat gut zu mir gepasst, wenn sich dahinter die Defensivmänner die Füße wund gelaufen haben. So wie der arme Wimmer bei Gladbach, weil der Lange hier neben mir nicht laufen wollte. Ohne diese Spieler ist der Zehner nicht der Zehner.

Wie entstand denn nun in Deutschland der Mythos?

Netzer: Er kam von draußen hinein. Er wurde irgendwie kreiert. Irgendeiner muss mal so Fußball gespielt haben und die 10 getragen haben. Was weiß ich. Er war irgendwann da.

Gut, dann sagen wir es: Sie beide haben in Deutschland den Mythos begründet.

Overath: Weil wir in Deutschland die einzigen beiden Spieler waren, die die Position extrem so gespielt haben.

Wenn es um die 10 ging, drehte es sich in den 60er und 70er Jahren immer nur um uns beide. Ich kann mich erinnern, im Ausland gab es auch gute Zehner, wie der Argentinier, der bei Mailand gespielt hat ...

Sivori?

Overath: Sivori, mein Gott, ja. Das war ein überragender Mann, aber ein Solist. Nur mit einer sehr guten Technik, im Gegensatz zu Netzer, der technisch nicht so beschlagen war.
Netzer: Ich bin mehr gelaufen.

Bei der WM 1966 trug Siggi Held die 10. Wie kam das?

Overath: Damals war ich sehr jung, 23 Jahre alt, ich kam gerade in die Mannschaft rein. Ich denke, dass der lange Schön damals, vor dem Turnier, durchnummeriert hat und vielleicht mich nicht auf der Rechnung hatte. Das denke ich manchmal. Vielleicht war ich zu jung und unerfahren. Und so bekam ich die 12, und weil es so super lief, habe ich die die nächsten Turniere wieder genommen. Im Nachhinein denke ich manchmal: Ich hätte lieber die 10 nehmen sollen.

Herr Netzer, hatten Sie ein Vorbild?

Netzer: Ich kann mich daran nicht erinnern. Ich weiß nicht, woran es lag, vielleicht daran, dass ich früh gemerkt habe, dass Kopien immer schlecht sind. Das hängt offenbar mit meinem Naturell zusammen.
Overath: Ich glaube, es gibt noch einen anderen Grund. Der Günter war ja ein Typ, so wie er gespielt hat, mit diesen langen Haaren: Es gab keinen wie ihn. Wir waren alle damals ein Stück kleiner, Hans Schäfer, Fritz Walter. Der Günter war plötzlich da, ein Riesenkerl, der mit großen Schritten spielte. Es gab gar keinen, den du nachahmen konntest. Es gab nur kleinere Leute, Dribbler. Man glaubt

heute gar nicht mehr, dass Netzer mal so groß war. Der wächst ja in die Knie rein.
Netzer: Das Schärfste, was ich je über mich gelesen habe, hat ein Journalist der *Süddeutschen* geschrieben. Der hat so 'ne seltsame Figur, der Netzer – man hat das Gefühl, dass der mit der Zeit nach innen wächst. Ist das nicht herrlich? Sensationell.

Herr Overath, Ihr Idol war der Ungar Puskas, wie Sie ein Linksfuß.
Overath: Und Hans Schäfer. Ich war 18 und kam zum FC, der Hans war 33, 34, einer der Weltmeister von Bern. Das war kein Techniker, bestimmt nicht. Dem ist es, als einem der ganz wenigen, gelungen zu lernen, wie man Spielmacher wird. Sonst ist es ja immer so: Entweder hat man die Veranlagung oder man hat sie nicht.

Herr Netzer hat uns vorhin erzählt ...
Overath: Da lügt er schon mal, wenn ich nicht dabei bin.
Netzer: Nein, nein, nein.

... dass Sie das Idol aller Jugendnationalspieler im Rheinland waren. Wie haben Sie Günter Netzer empfunden, der ja ein Jahr jünger ist?
Netzer: Der hat mich überhaupt nicht zur Kenntnis genommen.
Overath: Er war ein Spätstarter. Da dachte ja keiner, dass der überhaupt eines Tages einmal was wird. Ich habe den Langen das erste Mal so richtig mitgekriegt, als es in Gladbach zur Sache ging. Und das war sein Spiel. Die haben großartigen Fußball gespielt, sehr früh schon. Er ist fast mein Alter, man denkt ja, er wäre ein paar Jahre älter – ich glaube, einmal am Niederrhein habe ich gegen dich gespielt. Meine ich.

Netzer: Der hat kein gutes Gedächtnis, ist ja klar. Altersschwäche. Wir haben sehr, sehr lange in der Jugendnationalmannschaft zusammengespielt. Wir waren auf dem Weg nach Portugal ...
Overath: Portugal?
Netzer: ... und dann bin ich aussortiert worden. Wahrscheinlich hat der da wieder seine Finger im Spiel gehabt.
Overath: Wir hatten einen guten Trainer, der hatte Ahnung.
Netzer: Ich bin aussortiert worden wie '66, vor der WM.
Overath: Warst du im Kader '66?
Netzer: 1966 hatten wir ein Länderspiel im Wembley. Im Februar. Da warst du draußen. Hast dich mal wieder geschont, vermutlich.
Overath: Da kann ich mich kaum erinnern.
Netzer: Eben, Altersschwäche.
Overath: Ich habe mir nur Spiele gemerkt, in denen ich gut war.

Das Spiel ging 0:1 verloren, Herr Netzer.
Overath: Wenn wir verloren haben, war der immer dabei.
Netzer: Wir haben von Anfang an so Phasen gehabt, dass mal er dran war und dass mal ich dran war.

Wenn man die Geschichte durchgeht, ist das verblüffend: Sie sind in all den Jahren nur bei einem Dutzend Länderspielen gemeinsam aufgelaufen.
Overath: 1972, vor der Europameisterschaft, da hatten wir den langen Schön so weit, dass er's versuchen wollte mit uns beiden. Ich hatte '70 'ne große WM gespielt, der Lange spielte im Verein super. Bist du '72 schon in Dingens gewesen, in Madrid?
Netzer: Das war '73.
Overath: Stimmt, ja. Da wollte es Schön mit uns versuchen. Wer weiß, wie es gelaufen wäre. Alle haben

gesagt, es geht nicht. Wir zwei waren immer gut befreundet, aber im Innern haben wir gedacht, wenn du zwei Zehner hast, wird es schwer, weil jeder den Ball haben will. Selbst wenn wir später in Prominenten-Mannschaften zusammengespielt haben, hat der Beckenbauer geschrien, dass er keinen Ball kriegt. Also: 1972 war es so weit. Nur habe ich mir dann einen Leistenbruch zugezogen. Und der Lange hat seine beste Zeit in der Nationalmannschaft gehabt.

Netzer: Ich habe befreit aufspielen können. Herrlich.

Overath: Er hat das überragend gespielt. Aber ich fand es schade. Wir haben es immer wieder versucht, unser Verhältnis war eben sehr gut. 1970 war es schwer für ihn bei der WM, er musste verletzt zuschauen. Nach dem Spiel um den dritten Platz, das vergesse ich nie, obwohl das jetzt über 30 Jahre her ist, ist er zu mir gekommen. Er hat sich so gefreut für mich ...

Netzer: ... gegen Uruguay hat er das beste Spiel seiner Laufbahn gemacht.

Overath: Ich weiß doch, wie das ist, wenn man Konkurrent ist. Bei einer WM, das ist das Größte, was es gibt. Ich glaube, das war oft brutal für ihn. Er war ein so überragender Spieler, der so ungewöhnliche Sachen machte, aber bei WM-Turnieren, wo man sich der Welt präsentieren kann, hat er nie zeigen dürfen, was er kann. Pelé ist ja nur so ein Superstar geworden, weil er bei der WM so gut gewesen ist. Günter hat immer dieses Pech gehabt. Und das größte Pech war gegen die DDR '74, wo er für mich reinkommt, und sie verlieren. Wenn die gewinnen, bin ich wahrscheinlich draußen.

Sie waren zuvor im ersten Spiel gegen Chile ausgepfiffen worden, von 80 000 deutschen Fans.

Overath: Dafür haben wir dann gegen Australien gewonnen.

Es sah Sie damals sehr kritisch, das Publikum.

Overath: Ich will damit nur sagen: So eng hängt das alles oft zusammen. Der Günter kam gegen die DDR, und ich war total schlecht in Form. Ich hatte 1974 kein Selbstvertrauen und alle haben gesagt: Der Günter soll spielen. Nur war er am Anfang auch mit Sicherheit nicht in allerbester Form. Aber je länger das Turnier gedauert hat – zum Schluss musste er von der Leistung her sicherlich in die Mannschaft kommen.

Aber er hat sich nicht beschwert, dass er keine Chance mehr bekam.

Overath: Nein, das war sehr fair. Viele andere hätten sich Journalisten genommen und ihnen so einiges erzählt. Der lange Schön hat ihn ja sogar beim Endspiel nicht mal in den 16er-Kader genommen, weil er gedacht hat, er würde mich damit nervös machen. Das habe ich mal irgendwo gelesen.

Netzer: Ich war nie mehr im Kader. Ich saß irgendwo auf der Tribüne.

Overath: Ich dachte, nur im Endspiel?

Netzer: Ab diesem DDR-Spiel, wo die Leute mich reingeschrien haben, hat der Schön mich ganz weit oben auf die Tribüne gesetzt, damit ich für die Leute gar nicht sichtbar war.

Overath: Günter hat sich sensationell verhalten.

Netzer: Ich saß oben in der VIP-Loge, bei Kaffee und Kuchen. War sehr schön zu schauen, wie die Herren da unten sich bewegt haben.

Overath: Er war einer der größten Spieler in Deutschland und hat in dem Turnier, bei dem es um das meiste ging, dieses Pech gehabt.

Das Pech waren Sie, Herr Overath.

Overath: So haben wir das niemals gesehen. So ein Spieler wie er musste jede WM prägen, eigentlich.

Netzer: Es ist schön, dass er das sagt und auch so empfunden hat. Wir haben eigentlich nie darüber gesprochen, wie er es gesehen hat. Ich habe aber gewusst, dass er so denkt, ich denke ja ähnlich. Wir sind fast deckungsgleich in der Wortwahl. Es gibt aber einen großen Unterschied zwischen uns: Ich habe nicht gelitten. Er hätte wie verrückt gelitten.

Overath: Ja. Ja.

Ist er in dieser Beziehung der echte Zehner?

Netzer: Das kann man nicht sagen. Das ist Mentalität. Ich hatte meine Freude mit den Gladbachern. Nur: Franz und Wolfgang haben mir gesagt, das geht nicht. Die haben mich ja 1970 zurückgeholt in die Nationalmannschaft, als ich den Kram mal geschmissen hatte nach einem Krach mit Schön. Da kamen die beiden her, vor allem Overath. Die haben gesagt: Der Provinzverein, das ist gut und schön, aber du wirst nur in der Nationalmannschaft berühmt. Damit hatten sie natürlich völlig Recht. Nur hat mich das nie so interessiert, weil ich wusste, im Verein kann ich besser spielen, ich hatte meine vertrauten Leute um mich. Deshalb habe ich immer gesagt und sage es noch heute: Wolfgang war der wesentlich bessere Nationalspieler. Das war für ihn gemacht, diese Nationalmannschaft. Da konnte er sich ausleben, die hat er in der Hand gehabt. Und ich habe unter diesem Provinzdasein nicht so sehr gelitten, auch nicht bei den Weltmeisterschaften. 1970 war ich ja im Kader, ich war sogar noch in Malente im Trainingslager.

Sie verletzten sich kurz vor der Abreise.
Netzer: Ja, natürlich, aber das wäre auch wieder gut geworden. Ich war allerdings sehr zufrieden damit, dass ich mich da verletzt habe und nach Hause konnte.

Aber Sie waren doch in Mexiko dabei, als Journalist. Sie haben nicht versucht, noch mit aller Macht in den Kader zu rutschen?
Netzer: Nein, nein, das war eben nicht mein Naturell. Das ist genau der Punkt.
Overath: Wenn ich mir das Bein vier Wochen vorher gebrochen hätte und ich hätte eine Chance gehabt, ich hätte alles versucht. Alles.

Ist dieser Unterschied der Grund, Herr Overath, dass zwischen zwei so starken Rivalen wie Ihnen öffentlich niemals ein böses Wort fiel?
Overath: Das Entscheidende war: Wir haben immer akzeptiert, dass der andere ein guter Spieler ist. Unser Verhältnis ist einfach gewachsen. Wir waren jung, als wir uns kennen lernten, der eine hat die Klasse des anderen gesehen, und jeder hat über den anderen gesagt: Das ist ein anständiger Kerl. Wir sind Freunde, das kann man so sagen.

Wie war es, als Sie gegeneinander gespielt haben?
Overath: Wir haben mit allen Mitteln versucht zu gewinnen. Dass der Lange manchmal dem kleinen Berti Vogts gesagt hat, er soll mir auf die Beine treten, das gehörte dazu.

Ist das wahr?
Netzer: Natürlich!
Overath: Laut über den Platz hat er das geschrien!

Netzer: Ich wäre meinen Kumpels persönlich böse gewesen, wenn die ihn in dem Spiel gut hätten aussehen lassen. Dann hätten die es bei mir sehr schwer gehabt. Er hat gegen uns kein einziges Spiel vernünftig gespielt.
Overath: Ich kann mich an einige gute Spiele erinnern.
Netzer: Ich mich an kein einziges.
Overath: Klar, die hast du auch vergessen, weil du nicht so geglänzt hast.
Netzer: Schau dir die Bilanz an, wann ihr mal gewonnen habt.
Overath: Das waren ja auch Glücksritter, die Gladbacher.
Netzer: Nix. Overath hat nicht stattgefunden in diesen Spielen.
Overath: Da werden wir uns kaum einigen.

Uwe Seeler sagte uns: Der Overath konnte sich selbst wehren, der Netzer brauchte einen, der ihn rächte. War das denn wichtig?
Netzer: Wenn sich die heutigen Spieler beschweren, dass zu hart Fußball gespielt wird, sollten sie sich mal frühere Spiele anschauen. Das war manchmal lebensbedrohend. Der Gerd Müller, was der eingesteckt hat da vorne! Und dann die Mittelfeldspieler, die von der ersten bis zur letzten Minute einen Sonderbewacher gehabt haben!
Overath: Wir zwei vor allen Dingen.
Netzer: Da gab es Profis, die haben nur viermal im Jahr gespielt. Gegen uns.

Deren einzige Aufgabe war, Sie am Spielaufbau zu hindern?
Netzer: Mit allen Mitteln.
Overath: Wir waren natürlich damals noch nicht so austrainiert wie die Spieler heute. Aber der Unterschied ist: Heute gibt es Raumdeckung. Da kann ich mir mal hinten den Ball holen, da ist nicht immer sofort einer drauf. Ich

gebe ja zu: Zehner sind auch sehr sensibel. Zehner sind Künstler. Und Künstler sind in vielen Dingen mimosenhaft. Aber wenn man früher einen auf sich drauf hatte wie Höttges oder Berti Vogts – vor allem auswärts, zu Hause ging das –, die liefen 90 Minuten hinter dir her. Und dann haben die dir von hinten reingetreten. Dagegen ist das heute ein wunderbares Leben.
Netzer: Die würden heute lebenslang gesperrt werden.

Es sind bessere Zeiten für Künstler?
Netzer: Darauf haben wir hingearbeitet. Ich habe schon damals gesagt: Ich muss übertrieben fallen, wenn ich gefoult werde, um dem Schiedsrichter zu dokumentieren, dass er mich zu schützen hat. Was Overath betrifft: Sie sehen das ja heute noch, er ist ein giftiger Kerl.

In einem Zeitungsartikel von 1970 heißt es: Overath kratzt nicht mehr, spuckt nicht mehr, er ist nur noch Weltklasse. Waren Sie, Herr Netzer, nicht auch mal in Versuchung, selbst auszuteilen?
Netzer: Dazu bin zu lethargisch gewesen. Deshalb habe ich mich nicht gewehrt, verbal oder aktiv, sondern habe das den anderen übertragen.
Overath: Wenn ich mich nicht gewehrt hätte, könnte ich heute nicht mehr Fußball spielen.
Netzer: Mit 60 Jahren! Das muss man sich mal auf der Zunge zergehen lassen.
Overath: Das ist der große Unterschied zwischen uns. Der Günter ist viel ruhiger. Der hat zwar auch mal rumgeschrien, aber wenn mir einer zu nahe kam, dann habe ich beim nächsten Mal versucht, ihn zu packen. Ab und zu haben die Jungs und ich zu Hause uns gemeinsam einen vorgeknöpft. Aber auswärts war's manchmal wirklich schlimm.

Ein Künstler, der nicht verankert ist im Team, wird dann gern mal allein gelassen?

Overath: Als Zehner ist man verankert, aber hat zugleich eine Sonderstellung in dieser Mannschaft. Und die anderen in dieser Mannschaft stärken dir den Rücken. Aber wenn du nicht in der Lage bist, deine Führungsqualitäten auch zu zeigen, dann hast du ein Problem.

Netzer: Das fällt einem ja nicht zu. Die Akzeptanz muss man sich erarbeiten, und das geht nur durch permanent gute Leistungen. Der Trainer war klug genug, mir Sonderrechte zu genehmigen. Mit all dem Zirkus um mich herum – da Playboy-Image, da Ferrari –, all diese Eskapaden, wenn die nicht untergemauert gewesen wären durch erstklassige Leistungen auf dem Platz, wäre das ein Desaster geworden.

Overath: Er hatte natürlich ein Problem, und das hat er nicht erzählt.

Das war?

Overath: Der Zehner ist in gewissen Phasen der ganz starke Mann. Aber: Er kann auch zu stark werden. Es gibt Trainer, die können nicht damit leben.

Netzer: Er spricht wieder aus eigener Erfahrung.

Sie meinen den Trainer Hennes Weisweiler, mit dem Sie beide Probleme hatten. Erst Netzer in Mönchengladbach, dann Overath in Köln.

Netzer: Er hatte die größeren Probleme mit ihm als ich.

Overath: Hennes Weisweiler war mit Sicherheit einer der besten Trainer Deutschlands. Aber: Für manche Trainer ist der Zehner zu stark. Der Zehner nimmt sich bewusst oder unbewusst Freiheiten heraus in einer Mannschaft. Es gibt Trainer, die leben damit, andere sagen sogar: Das forciere ich, solange er's nicht übertreibt. Und andere sagen: Nein, alle sind gleich.

Netzer: Ich habe zehn Jahre mit Weisweiler gelebt. Und er hat meine Entwicklung ja nicht nur gesehen, er hat sie auch gefördert. Aber auch bei mir kam irgendwann der Zeitpunkt, und vielleicht war das beim Pokalendspiel 1973, wo er mich draußen ließ, bis ich mich selbst einwechselte, wo er sich sagte: Jetzt zeig ich ihm das. Und er hat dann nahtlos weitergemacht bei Overath.

Aber von seinem Fußball mit Ihren Gladbacher Fohlen, Herr Netzer, schwärmen heute noch die Fans.
Overath: Weisweiler hatte eine gewisse Bauernschläue. Er hat den Leuten immer verkauft: Wir spielen den offensivsten Fußball. Von der Anlage her haben die Gladbacher aber sehr defensiv gespielt. Er machte hinten zu, hatte einen Netzer, der die langen Bälle schlagen konnte. Vorne hatten die Rupp und Heynckes, wahnsinnig schnelle Leute. Aber in der Grundausrichtung waren sie sehr defensiv. Die haben auf eigenem Platz die Mannschaften ausgekontert, und das haben sie perfekt gemacht. Die kamen, das konnte sonst keiner, mit drei, vier Mann, wenn der Lange den Ball hatte. Und das sah natürlich sehr schön aus, bopp, bopp, bopp.
Netzer: Absoluter Ignorant, der Overath. Er erzählt die Geschichten immer wieder: Gladbach eine Kontermannschaft, defensiv aufgestellt. Ein absoluter Ignorant. Am Anfang sind wir drauflosgerannt, haben einfach nach vorne gespielt.
Overath: Nein, später ! Als ihr schon den Erfolg hattet, hat Weisweiler das trotzdem immer erzählt, das mit dem Offensivfußball.

Wir haben uns das berühmte Wembley-Spiel 1972 auf Video angesehen, Herr Netzer. Sie wissen schon, das 3:1. Phasenweise ist das Spiel der deutschen Elf verblüffend

elegant, phasenweise unterliefen auch ihr viele Stockfehler. Stimmt es, dass Sie selbst die Taktik, dieses Wechselspiel, Franz Beckenbauer vorgeschlagen haben?

Netzer: Das ist Quatsch. Ich weiß gar nicht, wer so etwas in die Welt setzt. Das war doch gar nichts Besonderes. Das war, was jede Mannschaft praktiziert hat. Da ist der eine nach vorne gelaufen und der andere hat das abgesichert. Da ist nichts, was neu erfunden wurde, keineswegs.

Overath: Die Spieler bestimmen das System. Und wenn zwei so starke Spieler da sind, braucht kein Trainer groß etwas zu erzählen. Wir hatten vorher oft den Fehler gegen die Engländer gemacht, dass wir uns hinten haben reindrängen lassen, dann kamen die hohen Bälle, und da war das Spiel schon wieder vorbei. Aber an diesen beiden Figuren Netzer und Beckenbauer hat sich das Spiel entwickelt.

Netzer: Das war damals im Verein so, dass ich gesagt habe: Das geht nicht mehr, Herr Weisweiler, dass ich so viel auf die Knochen kriege. Sie müssen mir wirklich gestatten, dass ich mal verschwinde, und dann muss jemand anders nach vorne. Von draußen wurde sehr viel in dieses Wembley-Spiel hineininterpretiert, aber das war für uns eine ganz normale Angelegenheit, die nur plötzlich in den Fokus der Öffentlichkeit kam.

Overath: Franz' Stärke war das, was dem Fußball heute fehlt. Heute stehen die Reihen schon im Mittelfeld so massiert, dass es als Spielmacher unheimlich schwer ist. Nur wenn einer von hinten mitkommt, schaffst du ein Übergewicht. Franz war unerhört schnell ...

Netzer: Der hat das schönste Leben überhaupt gehabt da hinten.

Overath: ... und dazu noch ein guter Fußballer.

Beckenbauer begann als »Dirigent im Mittelfeld«, so hieß seine erste Autobiographie, spielte bei der WM auch 1966 dort. Hätte er ein Zehner werden können, wenn er gewollt hätte?

Netzer: Um Gottes willen, nein! Da müssen wir uns maßlos gegen verwahren, gegen so eine These. Das ist eine Beleidigung, eine absolute Beleidigung!

Warum das denn?

Netzer: Der hat überhaupt keine Fähigkeiten gehabt dazu. Der hat einmal in seinem Leben – ich halte ihm das immer noch vor – gegen Hannover 96 gespielt, gegen Gräber ...

Overath: War das nicht der rote Straschitz?

Netzer: Nein, Gräber. Ich erzähle die Geschichte immer wieder.

Overath: Stimmt, der Straschitz hat bei Dortmund gespielt.

Netzer: Da wurde der Franz endlich mal ins Mittelfeld gestellt. Wo er mal was tun musste. Franz hat nämlich eine gehörige Portion Jähzorn. Und der Gräber hat ihn getreten, das kann man sich gar nicht vorstellen. Wie uns auch. Das war unser Alltag. Der wurde plötzlich damit konfrontiert. Was ist denn hier los?, hat der gedacht. Und dann hat der ein Foul gemacht, gegen diesen armen Gräber, der musste sofort hinausgetragen werden. Eigentlich hätte der Franz lebenslang gesperrt gehört. Aus purem Jähzorn. Nein, zum Zehner hatte er die Fähigkeiten nicht. Er war die Diva, er hat hinten drangestanden, und alles wurde geregelt, und wenn dann trotzdem noch was zu ihm gekommen ist, hat er dieses mit seiner enormen Technik gesäubert.

Stimmt es, dass sogar Helmut Schön zu Beginn der 70er überlegt hat, Sie beide gemeinsam mit Beckenbauer im Mittelfeld spielen zu lassen?

Netzer: Um Gottes willen. Ich muss Ihnen eine Geschichte erzählen. Wir haben ein Spiel, an das sich der Franz besonders gern erinnert. Wenn Sie ihn treffen, sprechen Sie ihn auf Albanien an. Dann läuft der rot, grün, weiß an, alles zur selben Zeit.

Meinen Sie das berühmte 0:0 in Tirana 1967, wegen dem die Deutschen die EM '68 verpassten?
Netzer: Nein, das 2:0 vier Jahre später in Karlsruhe. Da hat der Wolfgang links und ich rechts oder umgekehrt gespielt, und der Franz kam dann von hinten nach vorne. Und wenn der Franz kam – Blasphemie, wenn man ihm den Ball nicht gab! Der Wolfgang hat so über ihn hinweggespielt, und ich habe so über ihn rüber gespielt, und der Franz war unten durch.
Overath: Der Franz, da brauchen wir uns nicht drüber zu unterhalten, war wirklich der größte Spieler, den es je in Deutschland gab, mit seinem Charisma, der steht über allen. Keine Frage. Aber ich wage zu bezweifeln, ob er das auch geworden wäre, wenn der arme Kerl immer im Mittelfeld hätte spielen müssen.

Beckenbauer ist natürlich nicht in unserer Hall of Fame. Wir wollen gerne zu einigen unserer Spieler hören, ob sie für Sie beide echte Zehner sind...
Netzer: Wir werden uns nicht einigen können.

Aber zumindest Ihre Einschätzung würden wir gerne hören. Zu Platini zum Beispiel. Den wir als den vollendeten Zehner ansehen, aber der so ganz anders war als Pelé oder Maradona, viel mehr Stratege.
Overath: Strategen waren eigentlich alle großen Zehner. So unterschiedlich sie auch gewesen sein mögen in ihrem Spiel.

War Maradona wirklich ein Stratege?
Overath: Ehm, nein. Meiner Meinung nach war er ein großartiger Solist. Ein Dribbler, wie es ihn vielleicht nie mehr gegeben hat, mit all seinen Körperwendungen. Und ein Torjäger dazu. Aber kein Zehner wie wir beide waren und wie wir beide einen Zehner eigentlich sehen.

Und Platini?
Overath: War schon eher ein Spielmacher. Aber er konnte auch zweite Spitze spielen. Er war einer, der nicht so sehr das Spiel machen wollte, der lieber aufs Tor zuging.
Netzer: Platini hat zwar viele Tore gemacht, Freistoß-Tore wie wir, er hatte Einfluss auf sein Team, aber der war nicht so fordernd wie wir, er war nicht so bemüht, das Spiel zu beherrschen. Wenn wir die Namen durchgehen, werden wir feststellen, dass es kaum Gemeinsamkeiten mit uns beiden gibt. Wir waren noch Mittelpunkt des Spiels. Wir waren ..., ja: Dirigenten im wahrsten Sinne des Wortes. Die ihre Mannschaft wie ein Orchester führten. Das gibt's heute gar nicht mehr, dieses Wort Dirigent im Fußball-Jargon.
Overath: Nee, das gibt's nicht mehr.
Netzer: Das ist verschwunden. Das sind wir beide gewesen. Wir haben das in einem Maße ausgedrückt wie kaum ein anderer. Obwohl: Cruyff war das Genie schlechthin – weil er nur gedeutet hat. Wenn Sie sich Bilder von ihm anschauen, sehen Sie, wie er immer seine Mitspieler dirigiert. Er zeigt an, wohin der Ball zu spielen ist.

Cruyff trug aber nicht die 10.
Netzer: Aber er dachte wie eine 10. Er ist der Spieler mit dem besten Rhythmusgefühl, den ich erlebt habe. Aus dem Stand ist er losgesprintet und baff, stand er wieder. Ich glaube, dass er der größte Stratege von uns allen war.

Ihm kam aber auch zugute, dass er einen Trainer wie Rinus Michels hatte, die Holländer waren in Sachen Taktik ja viel weiter als wir Deutschen. Wir waren taktisch noch hinter dem Mond.
Overath: Aber was nicht vergessen werden darf: Der Zehner braucht gute Leute um sich. Wenn die Jungs nicht laufen, verpuffen die besten Ideen.
Netzer: Sehr gut, was er gerade sagt: Wir haben unsere Mitspieler gezwungen, zu laufen. Ich habe mehr Kraft verbraucht mit dem Brüllen, Anschreien, Anweisen als mit dem Laufen. Ich habe sie gezwungen, Wege zu laufen, nicht nur, weil sie für mich als Passgeber entscheidend waren, sondern für die ganze Mannschaft. Wenn Stillstand auf dem Platz war, haben wir für Bewegung gesorgt. Die Kumpels hatten es nicht einfach mit uns. Wir waren teilweise verhasst.
Overath: Ja, ja.
Netzer: Ich erschrecke mich heute über diese Brutalität, die ich früher an den Tag legte, wenn mir die Mitspieler erzählen, was ich alles getan habe. Da erkenne ich mich nicht mehr wieder. Nur weil wir Erfolg hatten, gab es Ruhe.

Gibt es im modernen Fußball einen Spieler, der diese von Ihnen beschriebene Charakteristik erfüllt, der die Bälle fordert, das Spiel so prägt?
Netzer: Die Zeit dieser Spieler ist vorbei, vielleicht sind sie auch nicht mehr erwünscht. Das ist der Einfluss der Trainer. Viele wüssten vermutlich gar nicht genau, was sie mit so einer Figur machen sollten. Eine solche Figur, einen solchen Spieler kann man auch nicht bestimmen, nicht diktieren. Das habe ich auch über Matthäus gesagt. Der die 10 bekam, aber kein Zehner war.
Overath: Er wollte sie haben.

Giovanni Trapattoni hat sie ihm gegeben, als er bei Inter Mailand war.
Overath: Danach wollte er sie immer haben.
Netzer: Matthäus gehört nicht in diese Hall of Fame hinein. Spieler wie er haben durch ihre Anwesenheit etwas bewirkt, haben aber im Grunde die Charakteristik der alten 10 nicht. Vielleicht sollten wir in der heutigen Zeit davon abkommen, diese Nummer mit diesen Ansprüchen zu verbinden.

Unserer Einschätzung nach werden die Aufgaben der alten 10 heute durch zwei Spieler erledigt – von dem Aufbauspieler aus der Defensive heraus, dem Antreiber, und von einer zweiten Spitze als vordere Anspielstation, dem Einfädler. Das Mittelfeld ist zu eng geworden, um das Spiel auf Ihre Art zu machen. Stimmen Sie dem zu?
Netzer: Das ist nicht falsch, was Sie sagen. Leute wie Deschamps oder Vieira, das sind ja unsere Simmets und Wimmer gewesen, also eigentlich Abräumer. Aber die beiden verkörpern heute eine Kategorie an Spielern, die sensationell ist. Was die fürs Spiel machen, mit ihrer Kombination aus Athletik und Spielverständnis und Technik! Man hat in der heutigen Zeit nicht mehr diesen Mittelpunkt im Spiel einer Mannschaft, das muss kompensiert werden. Unsere Trainer, die haben uns diese Freiheiten damals gegeben ...
Overath: Wir hätten sie uns auch geholt.
Netzer: Das ist das, was ich heute bei einigen großen Spielern vermisse: Dass sie sich nicht bemühen, Einfluss zu nehmen. Dass sie sich innerhalb ihrer Mannschaft nicht so durchsetzen können, wie wir uns durchgesetzt haben. Das wollten ja auch unsere Mitspieler teilweise nicht, die haben uns oft auch kritisch gesehen. Aber da haben wir nichts aufkommen lassen. Wir waren keine Spieler, die nur

an sich selbst gedacht haben, die nur für die Galerie spielen wollten, wir haben nur an den Erfolg gedacht. Die Mannschaft hat das eingesehen, deswegen hat sie uns auch gewähren lassen.

Würde ein solches Auftreten heute noch akzeptiert werden?
Overath: Ich weiß, dass man die verschiedenen Epochen im Fußball nicht miteinander vergleichen kann. Aber mich würde es dennoch wahnsinnig interessieren, einen Spieler à la Netzer oder Beckenbauer heute in diesen modernen Systemen unter optimaler Voraussetzung, Top-Kondition und so, wirbeln zu sehen. Alles hypothetisch, ich weiß. Aber ich bin mir sicher, dass diese Spieler genauso das Spiel bestimmen würden wie vor 30 Jahren. Wir hatten damals aber auch Zeit, uns zu so dominanten Spielmachern zu entwickeln. Das ist heute anders. Ich bin mir sicher, dass es auch heute noch die Netzers, Beckenbauers und Overaths gibt. Nur werden sie nicht entdeckt, und wenn, dann nicht richtig gefördert.
Netzer: Das ist toll, was er da sagt. Wir haben eine unselige Entwicklung mitgemacht. Ich kann mich an Otto Rehhagel erinnern. Der war mitverantwortlich für diese Entwicklung. Der hat zu Beginn der 80er schon gesagt: Netzer und Overath hätten in der heutigen Zeit keine Existenzberechtigung mehr. Damals wurde der Athlet kreiert. Die Briegels wurden herangezüchtet.
Overath: Die alles entscheidende Frage ist: Wie steht der Fußball das durch? Wie lange macht der Zuschauer das mit? Der Sport wird immer geprägt von Persönlichkeiten. Im Fußball gab es früher in jeder Mannschaft ein oder zwei Figuren. Gehst du heute ins Stadion, hast du fast durchweg nur austauschbare Spieler. Die Leute aber erwarten immer Typen, irgendetwas Besonderes. Das ist verloren gegangen.

Ist das eine Erklärung dafür, dass das deutsche Publikum im November 2003 beim Länderspiel gegen Frankreich in Gelsenkirchen überlief und die wunderbaren Zidane und Henry bejubelte?

Netzer: Ja, wo sieht man auf deutschen Plätzen, was der Zidane mit dem Ball macht? Dem ist es nicht gut genug, den Ball von A nach B zu befördern, auf ganz einfache Art und Weise, er spielt ihn anders als jeder Spieler: durch die Beine des Gegners, rückwärts, der kann sich ja gar nicht normal benehmen. Das ist doch phantastisch! Die Menschen wollen ihren Alltag vergessen – mit Zidane kann man das.

Und dabei ist sein Spiel keine brotlose Kunst, was man Schönspielern so gerne nachsagt.

Netzer: Nein, um Gottes willen. Bei ihm ist das kein Selbstzweck. Er spielt für die Mannschaft.

Overath: Genial einfach.

Ist Zidane ein großer Zehner?

Overath: Für mich ist er einer.

Netzer: Absolut.

Obwohl er weder Ihr Temperament hat, Herr Overath, noch ein Stratege ist wie Sie, Herr Netzer.

Overath: Wir werden den Zehner nie so zusammenbekommen, wie wir möchten.

Netzer: Es gab nie einen, der alles hat, und es wird nie einen geben. Ich finde das eigentlich sehr tröstlich.

Jetzt haben wir so lange über das Wesen des Zehners diskutiert, nun möchten wir Sie bitten, uns Ihre Position, Ihr taktisches Verhalten in Ihren Mannschaften aufzumalen. Mit Laufwegen und Anspielstationen. Herr Netzer, die EM-Elf von '76 vielleicht?

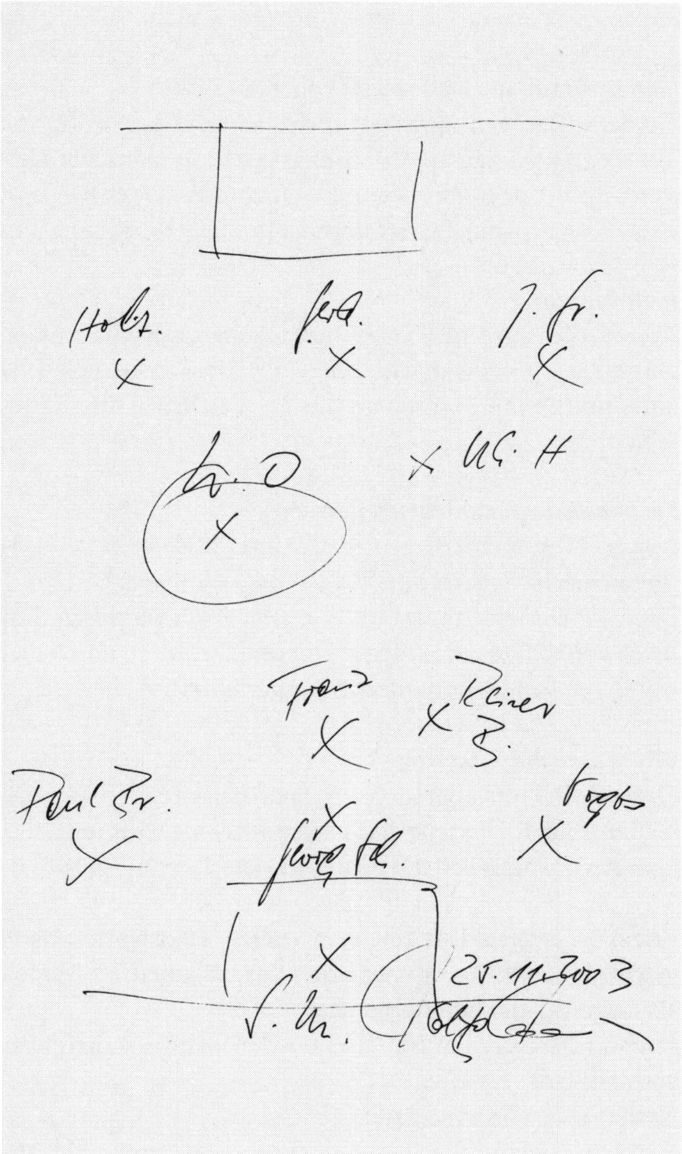

Overath: Weltmeisterschaft 1974

Netzer: Das mache ich hundertprozentig nicht.

Herr Overath, die Nationalelf von 1974? Bitte.
Overath: Der weiß doch gar nicht, was die damals für 'ne Taktik gespielt haben. Also hinten der Sepp, dann der Katsche, Berti Vogts und Breitner, ganz normal, der Paule ist nach vorne gegangen, der Berti ist hinten geblieben. Dann war davor der Bonhof...
Herr Netzer
Netzer: Nein, neiiin. Sie können machen, was Sie wollen. Das habe ich nie gemacht. Die wollten mich bei der ARD auch immer mit Figuren an die Tafel stellen – um Gottes willen.

Sie haben doch strategisch gedacht...
Netzer: Vor meinem geistigen Auge. Malen Sie sich da irgendwelche Sachen hin. Was ist das, Wolfgang?
Overath: Die WM 1974. Den Franz habe ich vergessen. Da, so. Wenn ich mir die Aufstellung und Taktik so anschaue, waren wir ganz schön offensiv ausgerichtet.

Wie waren Ihre Laufwege?
Overath: Ich war überall. Nein, Spaß beiseite...
Netzer: Mal doch Pfeile ein, nach vorne, nach hinten...
Overath: Dann sagen die Leute, so viel ist der nie gelaufen.

Wenn Sie nicht selbst zeichnen wollen, Herr Netzer, dann macht das Herr Overath. So wie er das Gladbacher Modell als Gegenspieler empfunden hat.
Overath: Genau. Ich bin ja einer der wenigen, die etwas vom Fußball verstehen.
Netzer: Das sehe ich gerade.
Overath: Ich habe die Namen nicht mehr so im Kopf. Langer, wer hat vorne gespielt? Sach mal?

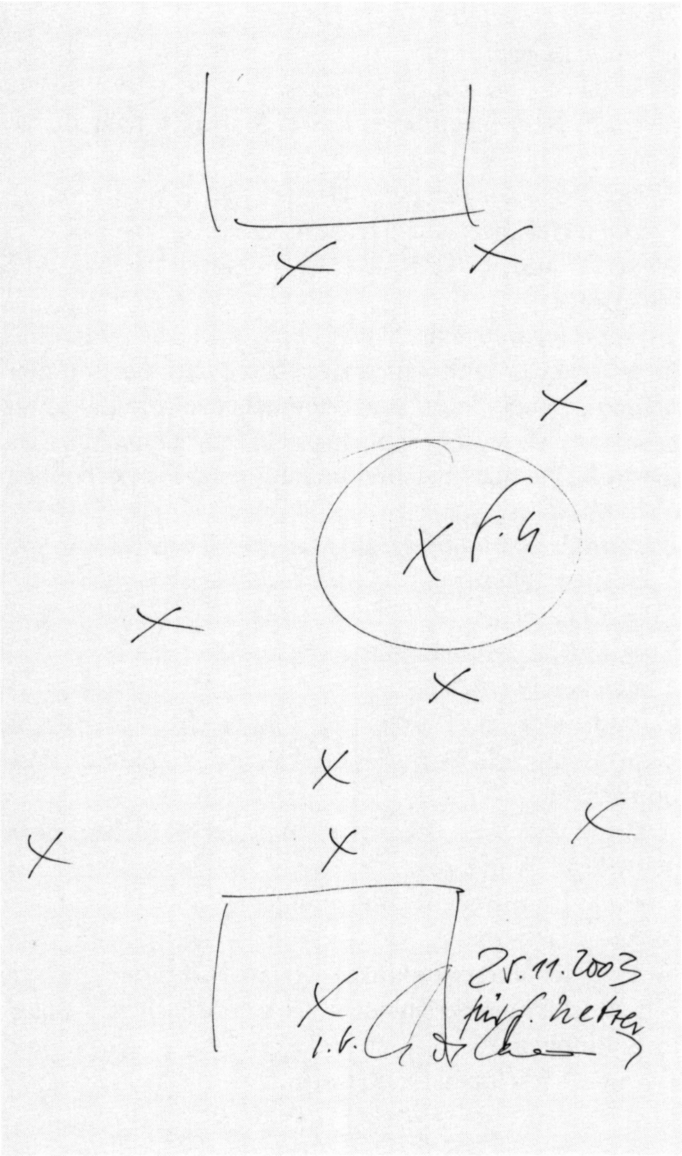

Overath für Netzer: Gladbach

Netzer: Le Fevre, Rupp. Heynckes.
Overath: Zwei Stürmer.
Netzer: Le Fevre, Rupp. Heynckes.
Overath: Nee, maximal mit zwei Stürmern habt ihr gespielt.
Netzer: Rupp. Heynckes. Le Fevre.
Overath: Nee, nee. Nur zwei.
Netzer: Laumen. Alles offensiv. Schon ist sein Modell widerlegt.
Overath: Ich versuche es noch mal. Also, die hatten hier 'nen Torwart, dann haben sie, glaube ich, hier mit zwei Leuten gespielt, da und da, dann haben sie diese Position ... da war Netzer, der ziemlich weit hinten stand, dann hatten sie vorne maximal zwei und auf der Seite noch einen.
Netzer: Genau.
Overath: Und hier hinter dir war der Hacki. Da war aber noch einer defensiv ...
Netzer: Dietrich.
Overath: Hat der mehr hier gespielt, linke Seite ?
Netzer: Hm.
Overath: Eins, zwei, drei, vier, fünf, sechs, sieben, acht, neun ..., zehn, elf. Dann hat der Lange diese zentrale Position gehabt.
Netzer: Eins, zwei, drei, vier, fünf, sechs, sieben, acht, neun, zehn, wunderbar.
Overath: Ich meine, das war so, oder ?
Netzer: Wunderbar.
Overath: Ich unterschreib' das jetzt mal für dich.
Netzer: Ich unterschreib' nicht. Ich werde euch kein Dokument hinterlassen.
Overath: Ich schreib' für Netzer ?
Ja.
Overath: Ich schreib' für: Feigling Netzer. Für Günter Netzer. In Vertretung, so heißt das doch ?

Die Parade der deutschen Spielmacher

Die Reihenfolge ist selbstverständlich willkürlich. Unsere Urteile sind es nicht.

Wolfram Wuttke: Selbst Günter Netzer, damals HSV-Manager, täuschte sich in ihm. Wuselflitz auf maradonesken O-Beinen, Spezialität: Außenristschüsse mit dem krummen rechten Fuß. Seine Neigung zum Größenwahn verhinderte, dass er ein Großer wurde.

Uwe Bein: Angeblich Erfinder des tödlichen Passes, des flachen Tempoballs in den Rücken der Abwehr. Oft unterschätzt; zu leise, um ein Chef zu sein. Ideengeber der formidablen Frankfurter-Eintracht-Mannschaft der frühen 90er, die doch nicht Meister wurde – typisch für seine Karriere. Bei Fans noch immer hoch im Kurs. Feiner Kerl.

Olaf Thon: Große Anlagen, große Gesten. Spitzname: Professor. Machte mit 18 Jahren für Schalke das Spiel seines Lebens, beim 6:6 gegen die Bayern, trug damals schon die 10. Verlor bei der WM 1998 den Machtkampf gegen Lothar Matthäus, trotz Spätform als Libero. Es fehlte ihm was. Was das war ? Er wüsste sicher eine Antwort.

Michael Harforth: Langmähniger Flugball-Gott des KSC in den 80er Jahren. Setzte sich gegen den weltbekannten Uwe Dittus durch. Schlug in der 2. Liga Pässe über 60 Meter, die immer, immer ankamen. Hatte leider »die Tumbheit mit den Löffeln gefressen«, wie ein KSC-Intimus sagt. Geile Frisur. Hatte die 7, spielte aber wie eine astreine 10.

Andreas Möller: Nee, nee, nee. Trug zwar in Dortmund die 10, war aber nie eine, niemals. Immer zu weich, immer verkannt. Hätte ein Riese werden können, doch es reichte nur zum Frankfurter Bub.

Bernd Schuster: Früh vollendet, hoch begabt, ohne Frage. Führte die Nationalelf als Jungspund zum EM-Titel 1980. Wurde danach bei Barcelona zum Weltstar, nur in Deutschland nicht. Schade, blonder Engel. Er bestimmte das Spiel, aber seine Gattin bestimmte ihn. Obwohl er eine 10 hätte sein können, wurde er nie eine. Trug sowieso die 8.

Thomas Häßler: Sympathischer Verfechter des intuitiven Plusquamperfekts. Schoss Deutschland 1989 nach Italien, aber neun Jahre später den KSC in die 2. Liga. Zu oft hielt Häßler den Ball, wenn er ihn hätte abspielen sollen, und spielte ihn ab, wenn er ihn hätte am Fuß halten sollen. »Der macht alles falsch, was man falsch machen kann«, sagte Cesar Louis Menotti sinngemäß einmal. Trotzdem einer, der gut genug für jede Mannschaft dieser Welt gewesen wäre, nur eben überfordert, wenn er ein Team anführen sollte.

Felix Magath: Immer etwas verkrampft wirkender Zehner, locker nur sein genialischer linker Fuß. Hatte die Mechanismen der Branche schon als Aktiver durchschaut. In der Nationalmannschaft nie mit der nötigen Lobby. Starke WM 1986. Schachspieler, was man immer merkte.

Hansi Müller: Zu schön, um lange gut zu sein. Natürlich ein Linksfuß. Hinterließ weniger Eindruck, als sein Talent rechtfertigt.

Jürgen Grabowski: Begann als Rechtsaußen, war Teil der wirbelnden Wembley-Elf. Unter Overath '74 Weltmeister. Später ansehnlicher Regisseur von Eintracht Frankfurt.

Helmut Haller: Führte bei der WM 1966 das deutsche Mittelfeld an und ließ die jungen Beckenbauer und Overath fröhlich hinter sich ackern. Trug nicht die 10, hatte aber spätestens bei der WM '70 die Figur eines Stehgeigers. Feiner Techniker. Ließ den Endspielball von Wembley '66 mitgehen und verkaufte ihn später an eine englische Zeitung – wenigstens mussten die Engländer für ihr geschenktes Tor noch ordentlich bluten.

Stefan Effenberg: Störrischer Winnertyp, in lichten Momenten anerkennenswert unaufhaltsam. Sein Feuer brannte mächtig, aber kalt. Selbstgerechter, mitunter dummdreister, lauter Mensch, dem nur die eigenen Maßstäbe gelten.

Heinz Flohe: Führte den 1.FC Köln im Jahr eins nach Overath zur Meisterschaft. Linksfuß, dribbelstark, ballsicher, einer aus der alten Garde, aber ohne Overathsche Geniestreiche. Beim DFB als zu weich verschrien; flog '74 aus dem Team, gehörte '78 zur viel bejubelten Córdoba-Truppe.

Sebastian Deisler: Zögerte bei Bayern zu lange, sich für die 10 zu entscheiden – bis die Marketing-Abteilung widersprach. Zu oft verletzt, um sein Talent auszuschöpfen. Mit mehr Glück wäre ein Kapitelchen für ihn drin gewesen. Schießt Freistöße und Flanken wie Beckham. Hat eigentlich alles, was eine 10 heute braucht. Auch den Körper und die Härte des Geistes ? Wenn ja, ein Mann für die Neuauflage 2006. Sensibel, eigenwillig, am Ball mutig, abseits des Felds scheu, misstrauisch. Wurde im Winter wegen Depressionen in einer Münchner Klinik behandelt. Ein gesunder Deisler ist immer noch das Versprechen des deutschen Fußballs.

Lars Ricken: Wie achtlos die Deutschen heute mit der 10 umgehen, bewies die WM 2002. Sie saß auf der Bank, unter einer Trainingsjacke verborgen, umhüllte den Oberkörper des im Verlauf des fünf Wochen währenden Turniers immer kleiner werdenden Lars Ricken (wofür der nichts konnte). Der Dortmunder galt einst vielen als die allergrößte Hoffnung, bis er zum Jungveteran wurde.

Bernd Schneider: Gemütsmensch. Besser als der beste Brasilianer im WM-Finale 2002. Zu lieb, um ein Leader zu sein. Muss bei Bayer Leverkusen manchmal sogar in der Viererkette spielen, was er mit Wut und Empörung von sich weisen sollte.

Mehmet Scholl: Wehrte sich von Beginn an dagegen, eine 10 zu sein. Scheute stets Verantwortung, spielte jedoch an guten Tagen allein die Abwehr des FC Barcelona schwindelig. Als junger Profi gerne Teenie-Schwarm, in späten Jahren ernst zu nehmender Gesprächspartner, aber immer noch durchaus lustig. Macht jetzt in Musik.

Paul Breitner: Antreiber, der nichts von einer 10 hatte, die 8 trug, aber die Spielmacher-Position bei Bayern und im DFB-Team mit Macht ausfüllte. Biss Schuster und Magath aus dem Nationalteam. Mehr Motor als Magier.

Erich Beer: Berliner Spielmacher, an den wir uns fast nicht mehr erinnern können. Stand im '76er EM-Team, Sie wissen schon, Uli Hoeneß und der Nachthimmel von Belgrad.

Norbert Meier: Durfte unter Otto Rehhagel bei Werder Bremen nur in Heimspielen ran, weil: sehr schmächtig. Gut, aber nicht gut genug für die ganz große Bühne.

Thomas Doll: Eine Art deutscher Baggio, dribbelfreudig, starker Zug zum Tor, allerdings ohne öffnende Pässe. Am Ende seiner Karriere fast nur verletzt.

Lothar Ulsaß: Legendärer Spielgestalter von Braunschweig, den mancher schwärmerischer Eintracht-Fan heute noch immer höher ansiedelt als seinen Zeitgenossen Günter Netzer. Nun ja.

Carsten Pröpper: Die berühmte 10 des FC St. Pauli bewies, dass man selbst am Millerntor einen Ball über die Distanz von fünf Metern exakt zum Mann spielen kann. Echt.

Die letzten Stehgeiger:

Marco Rösch

Sie vermissen die Strategen von einst? Die Traumpässe, ein bisschen Ruhe im Spiel? Die große 10 Ihrer Jugend?

Trocknen Sie Ihre Tränen. Denn es gibt sie noch, jene wunderbaren Stehgeiger, die sich niemals mehr als unbedingt nötig bewegen, sich mit dem Bewegungsradius eines Bierdeckels begnügen; die den eigenen Strafraum nur vom Hörensagen kennen und die Tiefe des Raumes in aller Gemütlichkeit mit ihren Pässchen füllen. Nur spielen sie nicht mehr in der Bundesliga, sondern ein paar Klassen tiefer, zum Beispiel in der Bezirksliga. Sonntagmittags hängt das Hemd aus der Hose.

Sie sind unter uns, die Männer unserer Träume. Stehen wie Marco Rösch hinterm Bankschalter, sehen ein bisschen zu jung aus für 35 und in nichts wie Netzers Erbe. Rösch kennen Liebhaber der Bremer Amateur-Szene als Meister des ruhenden Balles. Einmal, am 10. November 2001, am Tag, als die Deutschen die Ukraine schlugen und sich für die WM qualifizierten, setzte er binnen der letzten vier Minuten drei Freistöße ins Netz, was eine gewisse Dramatik hatte, weil sein Team nur noch zu neunt spielte und schon 1:3 zurückgelegen hatte. Der Gegner hieß SC Weyhe II, und sein Torwart war beim dritten Schuss völlig entnervt.

In die 10 muss man hineinwachsen, sagt Rösch, sie ausfüllen könne man nicht mit 19 Jahren. »Zehner müssen immer zwei Spielzüge vorausdenken«, sagt er. »Oder wenigstens einen. Denn das Spiel hört nie auf. Das geht immer weiter. Nach einem Spiel denke ich an die Pässe, die ich heute geschlagen habe, und dann an die Pässe, die ich beim nächsten Mal schlagen will. Außerdem sollte eine

10 schon seine acht, neun Törchen schießen pro Saison. Und er muss ein Mann für die Standards sein.« So wie er.

Freistöße schießt er immer mit der Innenseite. »Spann kann ich gar nicht«, sagt er, »genau wie Platini.« Und außerdem: Es soll ja ein schönes Tor werden. »Das ist Ehrensache: sich irgendwas Feines auszudenken. Von zehn Pässen spiele ich, wenn's geht, zehn lang. Wenn zwei Traumpässe dabei sind, bin ich glücklich. Ich bin einfach ein Freund von schwierigen Bällen.«

Rösch ist, wie man das so sagt, dem Fußball verfallen; er kennt weltweit alle Spieler der letzten 40 Jahre samt ihrer Rückennummern. Er hat in seinem Schrank drei Dutzend Trikots, über die Hälfte mit der 10 hintendrauf. Er kann als Figo, als Rivaldo, als Maradona zum Training gehen. Er ist einer dieser Zehner, für welche die 10 eine Voraussetzung ist. Ohne die 10 könnte er nicht spielen. Einmal musste er es, mit der 3. »Es war furchtbar«, sagt er. Er spürt die 10, wenn er das Trikot anzieht. Er spürt sie im Spiel. Es ist einfach seine Nummer.

Wenn er am Ball ist und an der Außenlinie einen Mann loswetzen sieht, kann er nicht widerstehen. Der lange Pass juckt ihm im Fuß, und er beginnt nicht einmal zu denken, da ist der Ball auch schon auf der Reise. Ein 40-Meter-Pass, der ankommt, der dem Stürmer auf den Fuß tropft oder genau in den Lauf, ist für Rösch das Höchste. Als echte 10 ist das so.

Mit dem Kicken fing das bei ihm im November 1974 an, Deutschland war gerade Weltmeister geworden, und er war sechs Jahre alt. Das heißt, sein Vater schleppte ihn zum Brinkumer SV. Die ersten Trikots waren weiß, die Nummern wurden aufgenäht, von Oma – und irgendwann fehlte seine 9. Daraufhin gab der Trainer dem Steppke die 10. »Du bist der Beste«, sagte er, »also nimmste die 10.« Rösch schoss als Mittelstürmer gleich vier Tore gegen eine Mannschaft namens Blockdiek und 48 Tore in einer Saison. Und später wurde Zico sein Idol.

Werder Bremen wollte ihn haben, als er 15 Jahre alt war. Sein Vater Heino war dagegen, sagte: Stell dir vor, du spielst nicht. So fußballverrückt, wie du bist. Stimmt, sagte sich Marco, was ist, wenn ich nicht spiele? Das geht gar nicht! Er sagte Werder ab.

Heute trauert er seiner Chance hinterher, Profi zu werden, seiner einzigen Chance. »Mensch, hättste das bloß gemacht«, sagt er sich. Manchmal genügt ein gutes Spiel, dass ein Späher ein Talent entdeckt. Und manchmal kommt der Späher kein zweites Mal.

Für die Verbandsliga hat es immerhin gereicht, zu einer Zeit, als es die Regionalliga noch nicht gab. Vierte Liga also, und der Schnellste war Rösch sowieso nie. Er sei so eine Art Roberto Baggio, sagt er, vorne rein, immer witternd. Und er durfte das auch: vorne sein. Musste das sogar. Das geht nämlich noch in dieser Liga. Ein Trainer sagte mal zu ihm: Marco, was machst du in unserer Hälfte? Außerdem: Die 10 hat in der Provinz noch Kraft. »Selbst in der Kreisliga gibt's Spieler, die wollen die 10 nicht haben«, sagt er. »Die haben richtig Respekt vor der Nummer. Aber schnell heißt es auch: Hauptsache, du hast die 10. Machst hier einen auf wichtig. Das kann eine richtige Bürde sein.«

Sergej Barbarez, die 10 von seinem Lieblingsklub Hamburger SV, mag Rösch lieber als Tomas Rosicky von Borussia Dortmund. »Der Barbarez«, sagt er, »ist eine Assel. Ein linker Hund. Der weiß, wie man gewinnt. Overath war auch eine Assel. Der verschaffte sich Respekt.« Und Netzer? »Nee«, sagt er, »der ... ach, nee.«

Rösch feierte seinen Rücktritt am 2. Juni 2003, mit vielen alten Weggefährten. 200 Zuschauer waren da. In der Zeitung stand: »Rösch bekam ein Trikot mit seiner 10.«

Beim TSV Heiligenrode ist er jetzt offiziell nur noch Trainer in der Bezirksliga. Doch im vergangenen Herbst hatte Rösch so viele Verletzte, dass er selbst wieder ranmusste. Sie verloren 4:7. Er verwandelte einen Freistoß direkt.

Sein ältester Sohn Mika, sechs Jahre, spielt auch schon Fußball, wie er damals beim Brinkumer SV. »Du nimmst die 10«, sagt der Vater zum Sohn, wenn er bei einem Match dabei ist. Rösch grinst, wenn er das erzählt. »Der Kleine ist leider noch mehr Kohler als Zico.« Aber geboren ist Mika am 10.10., wie sich das gehört.

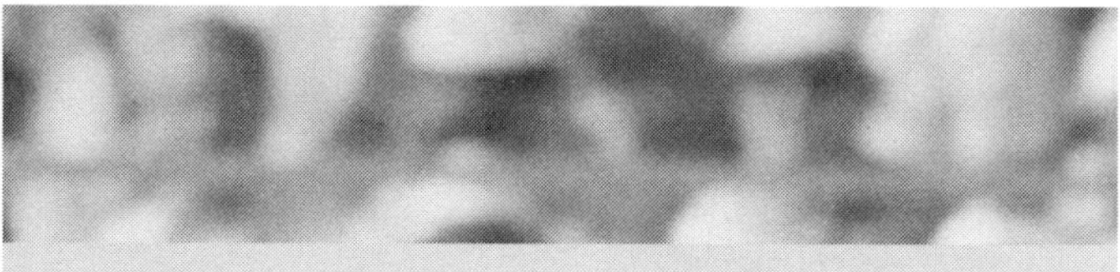

Zico
Das Scheitern des schönen Spiels

»Ich wollte immer sein wie Zico.«
Ronaldo

»Sie haben ihm die Nummer zehn von Pelé zugeworfen, und er hat sich das Trikot ohne Probleme übergestreift.«
Diego Armando Maradona

»Ohne Zico ist Brasiliens Spiel ohne Seele.«
Tele Santana, Brasiliens Nationaltrainer 1982

»Unser Ausscheiden 1982 war stilbildend. Danach haben alle Mannschaften nur noch aus der Defensive gespielt.«
Zico

Seinen Namen raunten wir nur, als wir jung waren, und man konnte ihn auch sehr schön leise zischen, das klang sehr geheimnisvoll. Bei den Deutschen gab es natürlich Kalle Rummenigge, bei den Italienern Paolo Rossi, wir aber wollten bei der Weltmeisterschaft 1982 Zico sehen. Zico hatte Stil, obwohl wir Knirpse das so nie genannt hätten, und wir fanden ihn einzigartig: Er schien nach Belieben die tollsten Dinge veranstalten zu können, und manchmal wirkte er so, als habe er keine rechte Lust, und so wie er war das ganze brasilianische Team. Wir hatten ein genaues Gefühl für diese Mannschaft, das wir allerdings nicht beschreiben konnten, sie wirkten auf uns völlig unbezwingbar und zugleich überhaupt nicht bedrohlich. Und als sie ausschieden, begriffen wir nichts.

Das Gefühl ist heute noch da, es ist ein Geschenk, das nicht verblasst. Nur wissen wir heute, was es war; dass nämlich Zico und seine Mitspieler für alles standen, was den Fußball sinnlich macht: für die Musikalität, die Lust am Rhythmuswechsel, am Schnörkel. Vielleicht wird es nie wieder ein Mittelfeld geben wie das, das Brasilien in jenem Sommer nach Spanien geschickt hatte, mit dem etwas steif wirkenden Hackentrickexperten Socrates, mit dem unermüdlichen Eder und dem strahlenden Falcao und mit Zico, dem Schamanen, der unerhört zu toben vermochte, wenn ihm was nicht passte, und der dann viel größer schien, als seine 1,73 Meter vermuten lassen.

Diese vier konnten das Schöne Spiel auswendig, sie passten träge minutenlang herum, und die Sambatrommeln gaben den Takt, als spielten sie alle in Rio in der Abendsonne, schläfrig beinahe – doch plötzlich bissen sie zu. Es war ein betörendes, aufreizendes, auch unendlich hochmütiges Spiel, ständig auf der Suche nach dem nie Dagewesenen; ein Spiel, das süchtig machte in seiner Mischung aus herausfordernder Arroganz und technischer Anmut, und Zico führte den Taktstock Pelés, er strahlte ein Geheimnis aus, ein rätselhaftes Wissen um die wahren Möglichkeiten des Fußballs. Doch leider ... Sie verschätzten sich. Kann man das so sagen ? Oder haben sie es kommen sehen – und weigerten sich dennoch, ihren Stil zu ändern?

In der Geschichte der Weltmeisterschaften gab es viele Verlierer, die dies nicht verdient hatten. Manche großartige Mannschaft musste vorzeitig nach Hause fahren, weil ihnen das Schicksal seine Gunst nicht gewährte, oder sie der Anblick der sich anbahnenden Katastrophe vor Entsetzen erstarren ließ. In der Galerie der tragikumwitterten Gescheiterten finden wir Österreichs gealtertes Wunderteam von 1934, das im Halbfinale Italien unterlag. Die Brasilianer von 1938, deren überhebliche Betreuer den göttlichen Leonidas da Silva im Halbfinale schonten. Die Brasilianer von 1950, deren Torwart Barbosa bis heute beschuldigt wird, beim zweiten Tor der Uruguayer geschlafen zu haben. Natürlich die Ungarn 1954, die dreieinhalb Jahre ungeschlagen geblieben waren bis zu jenem Berner Endspiel. Die Deutschen von 1966, die ein Tor kassierten, das keines war; die Deutschen von 1970, die Italien 3:4 unterlagen, in einem der erbittertsten Duelle der WM-Geschichte, ein Spiel, zu dem nichts mehr gesagt zu werden braucht (doch: man achte einmal auf die Aussetzer der Abwehrspieler).

Natürlich die Holländer von 1974, die das Turnier dominiert hatten und deren Philosophie von *total football* siegte, auch wenn Oranje das Finale verlor. 1982 die Franzosen im Thrilla von Sevilla. 1986 noch mal die Franzosen, die wieder an den kühlen Deutschen zerschellten, auf fürchterliche Weise von der Geschichte eingeholt. 1994 und 1998 wieder die bedauernswerten Holländer.

Dies alles waren hochrangige Mannschaften, eines Titels würdig. Doch über allen steht Brasiliens *selecao* von 1982 unter Tele Santana, die schon in der Zwischenrunde ausschied. So früh traf es keinen anderen dieser Favoriten, so unter Wert verkaufte sich sonst keiner.

Futebol arte, das war ihre Losung: kunstvoller Fußball, das Gegenteil von *futebol resultados*, dem schnöden Ergebniskick von Italienern und Deutschen etwa. Das Scheitern der 82er war das Scheitern einer herrlichen Utopie: Dass der kunstreiche Fußball, bei dem im Idealfall jeder Feldspieler stilbildend mitwirkt, sich den Rationalisten, oder auch: den Zynikern, als überlegen erweist.

Tele Santana, der damalige Trainer, ist heute ein alter Mann. Er spricht langsam und hat müde Augen. Er ist der Mann, der Brasilien aus der Sicht der Fans verraten hat, weil er Zicos Jungs spielen ließ, wie sie wollten. Und noch immer verteidigt er sie, verteidigt er seine Taktik, die nach vorne gerichtet war, obwohl doch gegen Italien ein verdammtes Unentschieden gereicht hätte, und das so in den Untergang führte, Stoff für Legendenbildung.

So viele bedeutende Teams verloren zur Unzeit – aber fast immer, weil sie ihr Spiel verleugneten, unerklärlich unsicher oder von einem plötzlich erstarkenden Gegner niedergerungen oder hochnäsig wurden. Oder schlicht unglaubliches Pech hatten. Anders Zicos Elf. Diese verlor, eben weil sie ihr ureigenes Spiel spielte, eben weil sie nicht zweifelte, nicht auf Nummer sicher gehen wollte, weil sie überzeugt war, sie würde auch dieses fünfte Spiel in Folge gewinnen, gerade hatten sie doch erst den Weltmeister Argentinien 3:1 gerupft, samt dieses Giftzwergs Maradona. Sie griffen weiter an, statt zu mauern. Sie stürmten tatsächlich in ihr Verderben.

Als Paolo Rossi das dritte Mal getroffen hatte und damit das 2:3 besiegelte, verstummten die Samba-Trommeln, und Entsetzensstarre legte sich auf die Gemüter der mehr als 10 000 mitgereisten Fans. Brasiliens Niederlage war ein Verlust, nicht nur für dieses Turnier, sondern für den Fußball. Es hätte dem Spiel nichts Besseres passieren können, als wenn Zicos Mannschaft Weltmeister geworden wäre. Es war der Tod des Schönen Spiels, der Tod einer Idee.

Längst dröhnen die Samba-Trommeln wieder, aber Brasiliens urtümlicher Zauber ist verflogen. Seitdem Zico und Co. in Rente sind, spielt die *selecao* einen disziplinierten, taktischen, ja: im Sinne des Ergebnisses klügeren Fußball. Zwölf Jahre sollte es dauern bis zum nächsten Titelgewinn. 1994 ragten aus einem gesichtslosen Team allenfalls der Torfabrikant Romario und Carlos Dunga, der Stratege vor der Abwehr, ein Mann, den man zu jedem beliebigen Zeitpunkt herumbrüllen sah, und der mit Zico so viel gemein hatte wie Sammer mit Netzer. Der Tod des Schönen Spiels brachte eine neue Generation Trainer hervor, Realisten allesamt, so dass es Brasilien beim WM-Sieg '94 tatsächlich schaffte, so langweilig zu spielen wie die schrecklichsten Europäer. Und 2002 vertraute man allein auf die Geistesblitze ihrer Stürmerstars, das Mittelfeld schien nicht vorhanden.

Zico wird noch heute in Brasilien beschuldigt, damals den Weltpokal weggeworfen zu haben. Selbst dort also, wo das Schöne Spiel seine Blüte fand, hasst man nichts mehr als brotlose Kunst. Nur tröstlich, dass Zico, der heute als Nationaltrainer Japans arbeitet, noch immer sagt: Ich ziehe *futebol arte* vor.

Arthur Antunes de Coimbra, so sein richtiger Name, wuchs in der Zona Norte auf, einem Armenviertel von Rio de Janeiro, ein Sohn portugiesischer Einwanderer. Die Parallelen zu Pelé sind verblüffend: Auch sein Vater war Profi, und auch Zico war als Jugendlicher schmächtiger als seine Altersgenossen, er wog mit 15 Jahren ganze 37 Kilogramm. Sein Spitzname war »Hühnchen von Quintino«. Wer so leicht ist, muss lernen, Zweikämpfen auszuweichen, ohne dabei den Ball zu verlieren; es ist wohl die beste aller Schulen, von der Natur diktiert. Und er jubelte wie Pelé, obwohl er den Vergleich nie mochte: dieser kurze Spurt, der Absprung, und dann, in der Luft stehend, einen Arm in die Höhe schleudernd.

Wie Pelés sind auch Zicos Füße vor dem Maracana-Stadion in Beton verewigt. Hier, in diesem Stadion, schoss er 320 seiner 701 Tore, fast alle für den FC Flamengo, die *rubonegro*, die Rot-Schwarzen, aus Rio, seinen Klub, bei dem die Fans noch heute wehmütig sein Trikot mit der 10 tragen. Erst mit 23 Jahren allerdings, 1976, spielte er das erste Mal in der Nationalmannschaft, und seit 1978 begleitete ihn der Verdacht, vielleicht die beste 10 der Welt zu sein, bestimmt aber kein Turnierspieler, eine Art brasilianischer Netzer. Dreimal war er Südamerikas Fußballer des Jahres, aber als er nach Europa ging, entschied er sich für Udinese Calcio, einen Provinzverein in Italien, seines Könnens nicht würdig. Mit 40 Jahren, 1993, schoss er sein unglaublichstes Tor, bei dem er Artistik mit Timing verband. Es war im japanischen Pokalfinale, wo er mit Kashima gegen Tohoku Sendai spielte, in den Strafraum lief, merkte, dass er zu schnell sein würde für die Flanke – und einen Salto vorwärts machte, dabei, mit dem Gesicht nach unten, den Ball mit der Hacke ins Netz wuchtete. Das war Zico.

Wir wussten 1982 nichts von ihm und wissen noch immer nicht viel; die Archive geben nicht viel her, was Zico, den Menschen, erklären könnte. Unsere Versuche, den heute 51-Jährigen in Japan ans Telefon zu bekommen, schlugen fehl. Zico bleibt für uns ein Phantom. Doch für seine Landsleute, die ihn lieben, steht sein Name vor allem für die lange Zeit des Hungerns. Vier Jahre nach dem Schock von Spanien versuchte es Brasilien noch einmal. Bis zum Viertelfinale geht alles gut. Bis Brasilien gegen Frankreich spielt, ein episches Match zweier ebenbürtiger Teams.

Es sollte das Duell der beiden Zehner werden, und es ist Platinis Geburtstag, aber Zico, der angeschlagen ist, sitzt zunächst nur auf der Bank. Im Stadion von Guadalajara werfen die Spieler fast keinen Schatten, die Sonne steht senkrecht. Platini spielt Pässe, die die Reihen der Brasilianer durchschneiden. Auf der anderen Seite bleibt Socrates, der das Spiel machen soll, blass. Es steht 1:1, und irgendwann in der 2. Halbzeit fangen die Fans an, seinen Namen zu rufen: Zico ! Zico !

Wenig später kommt er tatsächlich ins Spiel, bekreuzigt sich, wie er das immer tut. Die Franzosen halten zunächst den Ball; sie wollen um jeden Preis eine Überraschung vermeiden, ein Rückstand wäre jetzt, in dieser Hitze, kaum noch aufzuholen, sie spielen erstmal hintenrum. Ein, zwei Minuten lang passiert: nichts.

Dann geht alles ganz schnell. Der Brasilianer Branco erobert in der Abwehr den Ball, stürmt nach vorne, diagonal über den Platz, auf Zico zu, er sucht ihn, er findet ihn, gibt ab, stürmt weiter. Zico berührt die Kugel einmal sanft, dies ist sein erster Ballkontakt in diesem Spiel. Mit seinem zweiten schickt er sie per Außenrist des rechten Fußes steil in eine Passage, die sich plötzlich für Branco öffnet, mitten durch die französische Deckung, durch drei Abwehrspieler hindurch, 20 Meter in den freien Raum.

Es ist ein großer Pass einer großen 10.

Branco, der spurtet, als habe er das geahnt, erreicht den Ball, Bats ist herausgestürmt, Branco legt den Ball vorbei, der Torwart reißt ihm die Füße weg. Elfmeter. Rolf Kramer, der Reporter, sagt: »Er macht es selbst.« Zicos dritter Ballkontakt kann Frankreich aus dem Turnier werfen.

Hinter ihm, direkt in der Mitte des Halbkreises am Strafraum, steht Platini ganz allein, die Hände in die Hüften gestemmt, das Trikot aus der Hose. Von hinten sieht man die brasilianische 10 und die französische 10, nur ein paar Schritte voneinander entfernt, dahinter Bats. Es ist ein kostbarer Augenblick, in dem sich alle Spannung ballt.

Zico schießt, halbrechts, etwas schwach – und Bats hält. Zico bleibt wie erstarrt stehen. Platini geht zu ihm, wuschelt ihm über den Kopf. Zico gibt Platini einen Klaps des Dankes. Später im Elfmeterschießen, tritt Zico noch einmal an, welch Wagnis! – und trifft. Platini verschießt. Doch am Ende siegt Frankreich.

Und Zicos Idee vom Schönen Spiel bleibt für immer die Erfüllung verwehrt.

Platini

Die vollendete 10

»Michel war die geniale Mischung zwischen dem russischen Tänzer Nurejew und dem spanischen Torero Manoletto.«
Gianni Agnelli, Fiat-Patriarch und Besitzer von Juventus

»Außerordentliche Taten erfordern außerordentliche Menschen. Menschen, die solch schwindelerregende Höhen erreichen, können tiefer fallen als andere. Sehr oft ist es so, dass die Entwicklung der eigenen Persönlichkeit mit dem schnell wachsenden Ruhm nicht Schritt hält. Brasiliens Garrincha war so ein Fall, der ins Straucheln geriet, als er ganz oben angekommen war: Jubel, Trubel, Heiterkeit, Alkohol, Suff – Absturz. Andere haben den Schritt ins Leere nur mit Mühe vermieden. Bei Platini ist alles genau umgekehrt, auch das ein seltener Glücksfall. Der wurde geschliffen und gebeutelt vom Leben, verletzt und gestraft, so lange, bis er reif genug war, ein ganz Großer zu sein.«
Ludger Schulze, *Süddeutsche Zeitung*

Paris, Place André Malraux, ganz in der Nähe des Louvre. Im vierten Stock eines Altbaus mit wunderschönem Fahrstuhl aus der Jugendstilzeit hat Michel Platini sein Büro. Er empfängt einen freundlich, trägt Jeans, ein dunkles Wollhemd, natürlich aus der Hose hängend, und Turnschuhe. Er schlurft durch die Flure, hat immer noch diese leicht bucklige Haltung, und holt persönlich den Tee aus der kleinen Küche. Die Räume sind karg eingerichtet. Keine Pokale, keine Bilder, auf dem Schreibtisch steht nur ein Computer. So einer wie er wühlt in keinen Akten. Auch dafür hat er heute seine Zuarbeiter. Anders als Maradona hat Platini sein Leben auch nach der Karriere offenbar fest im Griff. Er besitzt ein eigenes Fußball-Magazin, ein Fußball- und Trainingscamp für Jugendliche, eine Bekleidungsfirma, ist an mehreren Unternehmen beteiligt, kommentiert für *Canal plus* die Begegnungen in der Champions League. Aber am liebsten macht er nach wie vor das, was er am besten kann: sich immer wieder ins Spiel bringen. Er möchte gerne Fußball-Präsident werden, wenn es geht, beim Weltverband FIFA. Hauptsache Chef sein. Dafür macht er nun Politik in eigener Sache. »Ich habe als Spieler die Nummer 10 getragen, war immer der Regisseur und konnte das Spiel lenken. Als Funktionär habe ich nun lernen müssen, dass du im Zentrum der Macht sitzen musst, um auch außerhalb des Spielfeldes die Nummer 10 sein zu können«, sagt Platini und nippt an seinem Tee. Dann lehnt er sich auf der schwarzen Couch gemütlich zurück und fragt: »Was macht Franz?« Der Franz ist sein Freund, und nur zu gerne erzählt Platini von der ersten Begegnung mit Beckenbauer. Der aufstrebende Jungstar spielte 1977 dem Kaiser ganz frech den Ball durch die Beine, anschließend bekam der Frechdachs vom wütenden Deutschen einen Bodycheck verpasst. Die Franzosen gewannen 1:0, es war Beckenbauers letztes Länderspiel, und der Aufstieg von Michel Platini zum Weltstar begann.

In seiner Gestalt verbanden sich Nonchalance mit Ehrgeiz. Er konnte mit seinen schnellen, kleinen Schritten wunderbar beschleunigen und hatte im rechten Fuß alles Gefühl dieser Welt. Platini führte Frankreich in die Elite zurück, zwei Jahrzehnte nach Fontaine und Kopa. An Platinis Seite, und das sollte man nicht vergessen, drei weitere Spielmacher. Das Mittelfeld der Franzosen war Anfang der 80er Jahre vielleicht so stark besetzt wie das der Brasilianer. Eine ungewöhnlich produktive Schaltzentrale, die sich durch Eleganz und Eifer in eine kaum zu stoppende Maschine verwandelte. Platini harmonierte mit dem emsigen kleinen Giresse, dem wilden Laufgaul Fernandez und dem schlaksigen Tirana perfekt; er spielte vorgeschoben, hinter den Spitzen, die damals wie 1998 nicht viel taugten. Bei der EM 1984 erwies sich Platini auch als glänzender Taktiker, von seiner ganzen Persönlichkeit her ein *capitaine.* Mit neun Toren in fünf Spielen schoss er Frankreich zum Titel – ein Ausnahmekönner. Und ein wahrer *patron.* Schon beinahe zwanghaft spielten ihn seine Kollegen an. Egal, wo er stand. »Das ist fast hündische Unterwürfigkeit. Und die Mitspieler akzeptieren es, wenn er sie zusammenstaucht«, schrieb Paul Breitner 1984 in einer Kolumne. Was aber Breitner, der selbst ein herrischer Chef auf dem Platz war, noch mehr beeindruckte, war Platinis Gespür für Stimmungen: »Er ist für mich der absolute Demagoge am Ball. Nicht im Sinne von Aufhetzen, sondern im Beherrschen der Masse. Er gibt ihr ein Zückerchen, wenn er will. Sie verfolgt ihn, lechzt nach dem nächsten Bonbon.«

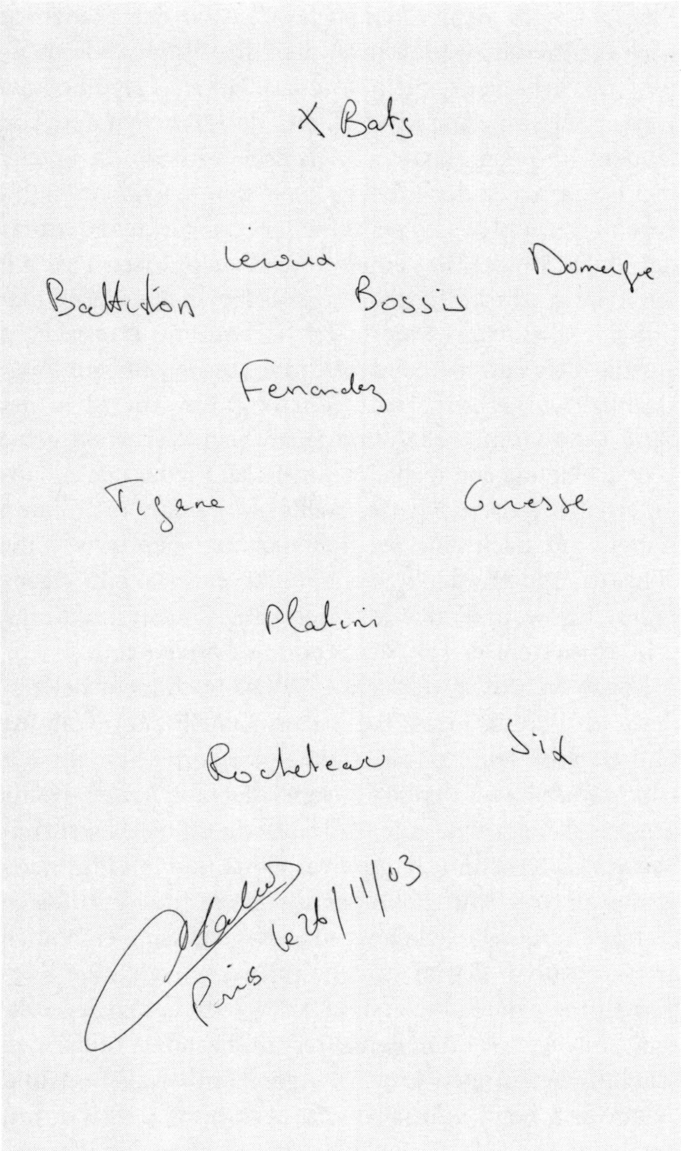

Platini: Europameisterschaft 1984

Ein Jahr nach dem *Champagner-Fußball* der Franzosen trieb Platini seinen Klub Juventus Turin zum Landesmeister-Cup, bei jenem Spiel, das vor allem als Tragödie vom Heysel-Stadion erinnert wird, weil 39 Menschen den Tod fanden. Von den Fanausschreitungen wussten die Spieler nichts, nur so ist der Jubel zu verstehen, nachdem Platini gegen Liverpool das 1:0 per Elfmeter erzielte; zuvor hatte er den Polen Boniek mit einem unfassbar präzisen Pass auf die Reise geschickt. In Italien wurde fortan aus Platini Platinissimo. Sein Spiel änderte sich, er konzentrierte es mehr auf die alles entscheidende Aktion: auf den finalen Stoß. Dreimal wurde er Torschützenkönig. Ein Tor ist in der Serie A verdammt selten und teuer. Sein Wert stieg, seine Wertschätzung erst recht. Wenn er mal wieder den Alleinunterhalter gegeben hatte, stellte ihm sein Boss Gianni Agnelli am nächsten Tag den neuesten Ferrari vor die Haustür. Agnelli erlaubte dem Franzosen sogar eine eigene Fernsehshow, in der Platini regelmäßig Trainer und Kollegen kritisierte. Der Titel der Sendung: *Numero 10*.

Es gab nur einen, den sein Chef fast noch mehr bewunderte als Platini. Eines Tages kam Agnelli zum Training und erzählte seinem Star, er habe im Fernsehen ein Tor von Maradona für den SSC Neapel gesehen. Agnelli wollte wissen, ob auch er so einen Solotanz durch die Abwehrreihen vorführen könne. Platini verneinte und bot ihm stattdessen an, vom Mittelfeldkreis aus den rechten Torpfosten zu treffen. Agnelli lächelte und sagte, das sei ja eine noch größere Kunst. Platini stoffelte mit seiner schlaffen Körperhaltung auf den Platz, das Haar wirr über den Segelohren, und legte sich den Ball zurecht. Er schaute mit seinen schelmischen Augen kurz zu Agnelli rüber, lief an und beugte sich beim Schuss so sehr nach hinten, dass er fast auf den Rasen fiel. Der Ball klatschte nicht an den Pfosten, er berührte ihn fast geräuschlos, so sanft kam er angeflogen, ohne zuvor einmal aufgekommen zu sein. Agnelli sprach danach Platini nicht mehr auf Maradona an.

Die Präzision seiner Schüsse verdankte Platini seiner Faulheit. Der kleine Michel schlenzte, fetzte und drosch Bälle am liebsten auf Telefonmasten, eine Tortur, denn wenn er nicht traf, musste er dem Ball nachrennen. Das hasste er schon damals: weite Wege gehen. Seine Mitschüler riefen ihn nur *nain*, Zwerg. Später, mit 15, als er sich beim FC Metz um einen Platz als Fußball-Lehrling bemühte, fiel Michel in Ohnmacht, während er mit geblähten Backen ins Atemmessgerät blies; die untersuchenden Ärzte wiesen ihn wegen seines zu geringen Lungenvolumens ab. Bei einem Wettbewerb der besten jugendlichen Fußballer in Paris fiel er vor lauter Aufregung beim Bällejonglieren durch.

Aber das fragile Kerlchen biss sich durch. Über den AS Nancy kam er nach St. Etienne, den damaligen Vorzeigeklub Frankreichs. Die Sport-Tageszeitung *L'Equipe* verliebte sich in sein Spiel und erkannte in ihm früh einen »Mozart des Fußballs«. Trotzdem gab es Ärger, Platini beanspruchte bei seinem neuen Verein gleich die Chefrolle. Die hatte bis dahin Jean François Larios inne, der sich für den Verlust der Macht rächte, indem er ihm vorübergehend seine Frau Christèle ausspannte. Die beiden Rivalen prügelten sich sogar in der Kabine.

Platini entschied sich, nach Italien zu wechseln, zu Juventus. In der besten Liga der Welt konnte er sich mit Zico oder Maradona messen. Zweimal wurde er mit Turin Meister, dreimal hintereinander Europas Fußballer des Jahres, das haben weder Beckenbauer noch Cruyff geschafft. Nur eine Krone blieb ihm verwehrt, die des Weltmeisters. 1978 schied er noch mit einer zwar interessanten, aber zu grünen französischen Mannschaft in der Vorrunde aus. 1982 schien die Zeit reif, doch Frankreich scheiterte in dem viel besungenen Halbfinale an Deutschland, das eine Mannschaft hatte, in der Krieger wie Toni Schumacher standen, die alles kannten, aber kein Pardon. Ein Gegner, den man nicht nur schlagen wollte, sondern nach Möglichkeit vorführen.

Nach ausgeglichenem Spiel waren die Franzosen in der Verlängerung mit 3:1 in Führung gegangen, im Glutofen von Sevilla. Platinis Fehler – und es war sein Fehler, er war der Schlagmann des Teams – war nicht mit dem naiven, selbstherrlichen Idealismus der Brasilianer zu vergleichen, die ein paar Tage zuvor aus dem Turnier geflogen waren. In der Gier, den Rivalen zu demütigen, verlor Platini erst die Kontrolle und dann das Spiel. Es war eine Lektion, die er nie mehr vergessen sollte – und nie mehr wettmachen. Vier Jahre später, wieder im Halbfinale, schien die Chance zur Revanche gekommen, doch die Deutschen zeigten ihre beste Leistung des gesamten Turniers, Wolfgang Rolff bewachte Platini so eng, dass der gar nicht auf dem Platz zu sein schien. Der Makel wird immer bleiben. Er verlor dieses wichtigste Spiel seiner Karriere auf eine Weise, wie es einer wie er nicht verlieren kann. Und das dem Superhirn, dem *génie par excellence.* Es wurmt ihn heute noch.

Platini kehrte verbittert aus Mexiko nach Italien zurück. Er fand keine Motivation mehr, sich 90 Minuten lang abzumühen. Das Spiel, das er im Kopf hatte, konnte sein Körper nicht mehr umsetzen. Platini gab mit 32 Jahren seinen Rücktritt bekannt. »Ich habe einfach keine Freude mehr am Spiel«, sagte er. Er wurde fürs Fernsehen zum Chefkritiker des französischen Fußballs und musste dabei lernen, dass sich selbst ein Platini ordentlich auf die Spiele vorbereiten muss, wenn er vor die Kamera tritt. Später übernahm er als Teamchef die Nationalelf, die er nach dem Vorrunden-Aus bei der EM

1992 wieder verließ. Auf ihn wartete eine noch größere Aufgabe: die WM im eigenen Land. Platini organisierte das Turnier 1998 als schönes Fest, wobei andere die Kärnerarbeit verrichteten und er, na klar, vor allem durch seine Ideen glänzte. Das Kicken konnte er während der ganzen Zeit nicht lassen. Jahrelang zog er mit der Promi-Mannschaft *Varieté-Club de France* über die Dörfer. *Le jeu, c'est moi.* Aber als er zu dick und langsam wurde, als der Sonnenkönig nicht mal mehr am Ball strahlte, weil er zu ungelenkig war, zog er sich zurück. Seit einem Jahr raucht er nicht mehr, er trinkt weniger, joggt sogar durch den Park. Er sieht wieder fit aus. Nur spielen mag Michel Platini nicht mehr.

Monsieur Platini, als kleiner Junge haben Sie sich auf allen Ihren Schulheften einen neuen Namen verpasst: Peléatini. Nur aus Bewunderung für Pelé? Oder weil Sie schon damals ahnten, später auch ein Großer zu werden?
Das mit den Heften und dieser Namenskreation mag wohl stimmen, ich erinnere mich nicht mehr ganz genau. Aber wer könnte sich anmaßen, sich mit Pelé zu vergleichen? Pelé ist kein Fußballer, er ist ein Mythos. Und ein Mythos ist nicht greifbar, und was nicht greifbar ist, ist mit nichts anderem zu vergleichen.

Kann ein Mythos dann ein Idol sein?
Für mich war Pelé das auch nicht. Er ist der Gott des Spiels. Er thront da ganz oben in dieser Fußball-Welt. Alle Ausnahmekönner, die vor ihm und die nach ihm, sind eine Stufe darunter. Bei ihnen ist es rein subjektiv, wen man besser oder schlechter findet. Aber Pelé – das ist der Gott dieses Spiels. Ich bin religiös, ich glaube an den wahren Gott, den der Kirche, danach kommt Pelé.

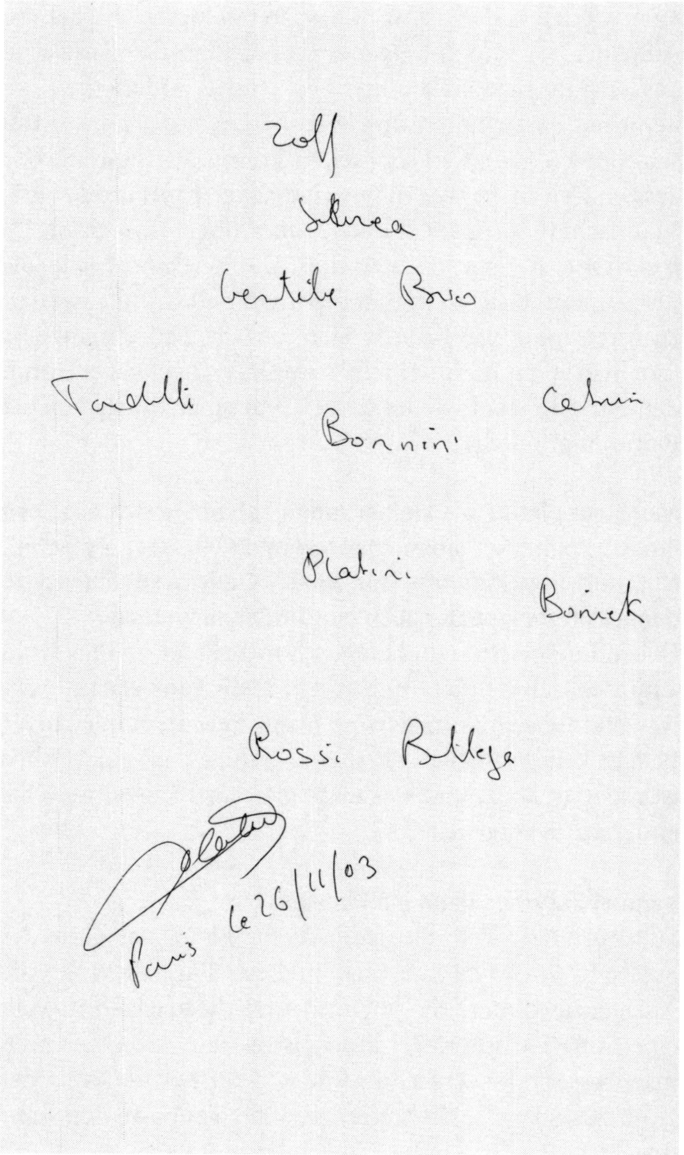

Platini: Juve '83 (gegen HSV)

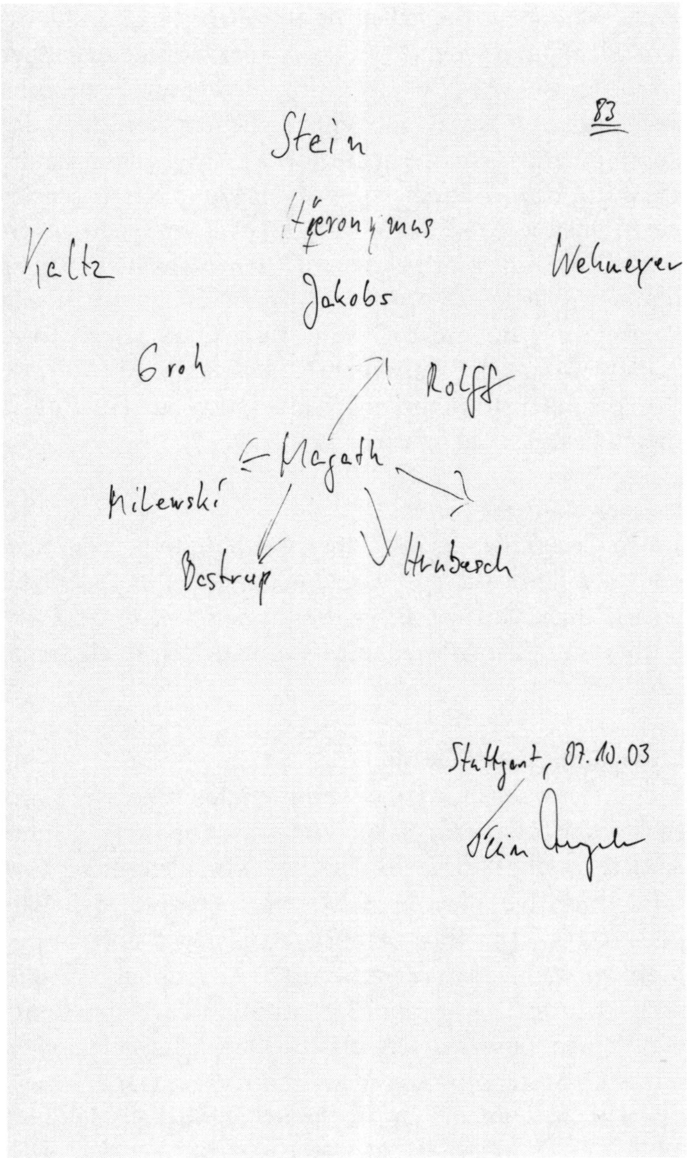

Magath: HSV ’83 (gegen Juve)

Welche Erinnerungen haben Sie an Pelé?

Vor allem die von der WM 1970. Vorher konnte man über solche Spieler wie Pelé oder Gianni Rivera nur lesen, ganz selten gab es Bilder von ihnen zu sehen. Wenn ich all das zusammenfüge, was ich heute über Pelé weiß, dann glaube ich auch, dass er bei dieser WM der kompletteste Spieler aller Zeiten war. Bei der WM 1958 fiel er vor allem wegen seiner Tore auf, aber bei diesem Turnier spielte er weiter hinten, er leitete die Spielzüge ein, fädelte vorne die Angriffe ein und schoss dann auch noch selbst Tore. Außergewöhnlich! Formidabel! Mir fehlen die Worte. Wer die Faszination dieses Spiels begreifen möchte, muss diesen Pelé gesehen haben.

Wer war dann Ihr Vorbild?

Johan Cruyff. Er war mir näher. Zeitlich, weil er der Star der 70er Jahre ist und auch meiner Jugend; sportlich, weil er nicht Gott ist. Er gehört zu den Spielern auf der Stufe unter Pelé. Wie auch Maradona, Netzer, di Stefano...

Und natürlich auch Sie hin.

Wenn Sie es sagen, wird es stimmen. Ich sah Cruyff mit Ajax im Fernsehen spielen und war begeistert. Dieser Antritt von ihm, diese Präsenz, aber vor allem dieses Gefühl, wann beschleunige ich meinen Körper, den Ball oder das Spiel meiner Mannschaft, das war einzigartig. Man wusste nie, was er im nächsten Augenblick in Fahrt setzen würde. Er war schnell im Kopf, rasend schnell mit den Beinen. Er war so antrittsschnell wie vielleicht später nur noch Maradona. Die ersten zehn Meter war er unwiderstehlich. Und diesen Hochgeschwindigkeits-Fußball schloss er abgeklärt ab. Mit einem tödlichen Pass oder mit einem präzisen Torschuss. Er spielte, aus welchen

Gründen auch immer, mit der 14, hatte aber das Temperament einer 10, er war auf dem Feld so lebendig wie ein Wiesel.

Haben Sie versucht, ihn nachzuahmen?

Nein, dazu war ich allein schon körperlich nicht in der Lage. Mein Spiel war zunächst eher an den Spielaufbau eines Netzers angelehnt, der mir sehr imponierte, nur, dass ich mehr nach vorne drängte, manchmal war es auch mehr ein Schleichen, um Tore zu machen. Viele Tore. Überhaupt: Die großen Zehner kann man nicht wirklich miteinander vergleichen, selbst die nicht, die zur selben Zeit gespielt haben.

Was zeichnet die wahre Nummer 10 aus?

Kann man so nicht beantworten. Es gibt aus meiner Sicht verschiedene Zehner. Den brasilianischen, argentinischen, also südamerikanischen Zehner. Der eigentlich eine zweite Spitze ist, das, was man einen spielenden Stürmer nennt. Oder eine zurückhängende Spitze. Zico, Maradona waren eigentlich keine Zehner. Sie waren das, was ich auch mal über Roberto Baggio gesagt habe: eine 9,5. Dann die deutsche Nummer 10. Geboren durch Netzer und Overath. Später durch Hansi Müller, Bernd Schuster und Felix Magath interpretiert. Alles Strategen, Spielmacher im Wortsinne.

Gegen Magath haben Sie ein wichtiges Duell verloren.

Eine ganz fürchterliche Niederlage. Das war 1983, im Finale mit Juventus gegen den Hamburger SV. Das lag an der hervorragenden Taktik des HSV-Trainers Ernst Happel, die von seinem Regisseur Magath auf dem Platz perfekt umgesetzt wurde. Magath schoss gegen uns nicht nur das Tor, er verschob seine Mitspieler immer so geschickt, dass ich wegen dieser Raumdeckung nicht zum Torerfolg kam. Davor hatte ich in sechs Monaten quasi in jedem Spiel getroffen.

Wir sind ein wenig abgeschweift.
Wir waren bei den unterschiedlichen Zehnern. Vergessen haben wir noch die italienische Version. Sie ist angelehnt an die südamerikanische, vielleicht noch ein Tick mehr Stürmer.

Und was ist mit der französischen Variante, die Nummer 10 des Michel Platini – Sie waren Spielmacher, Maradona nicht?
Ich war *auch* Spielmacher, Maradona weniger. Er bestimmte das Spiel auf andere Weise als ein echter Spielmacher. Er entschied das Spiel oft durch seine Einzelaktionen. Cruyff war für mich ein echter Spielmacher.

Felix Magath sagt, er habe die größte Genugtuung empfunden, wenn seine vorher geplanten Spielzüge erfolgreich umgesetzt wurden. Der persönliche Abschluss interessierte ihn nicht so sehr. Und Sie?
Für mich gilt beides. Meine Philosophie war immer, derjenige, der am besten postiert ist, bekommt den Ball. Und wenn ich es selbst war, behielt ich ihn und versuchte, das Tor zu erzielen. Ganz einfach. Das ist es doch, was Spielintelligenz ausmacht.

Strategen wie Netzer oder Cruyff dachten zwei, drei Spielzüge im Voraus. Auch Sie ahnten, was kommt.
Aber ich habe anders gespielt. Bei uns ergab sich das Spektakel nicht aus der Schönheit unseres Spiels, sondern aus der Klarheit, der direkten Aktion. Weil bei uns alle mit dem Ball umgehen konnten. Und wenn du nicht damit

beschäftigt bist, den Ball zu kontrollieren, sind die Gedanken frei für das Spiel. Mein Fußball bestand in der Reduktion aufs Wesentliche. Dafür hatte ich ein untrügliches Gespür.

Es gibt widersprüchliche Analysen über Ihr Spiel. Manchmal heißt es, Sie seien in einem Match nur 200 Meter gelaufen, andere wollen Sie dann wieder überall auf dem Platz gesehen haben. Was denn nun?
Ich war nicht in der Lage, 90 Minuten lang in jedem Spiel der Saison Gas zu geben. Das gab mein Körper einfach nicht her. Ich war kein Athlet. Pelé oder Cruyff, das waren Athleten. Ich nicht, ich musste für meine Fitness viel mehr tun. Meine Stärke war, das Spiel zu lesen, zu begreifen, was passiert, und was passieren muss, damit wir zum Erfolg kommen. Das brachte mir oft den entscheidenden Vorteil gegenüber meinen Gegenspielern. Ich war ja nicht schneller als viele von denen. Aber ich reagierte schneller. Trotzdem gab es Spiele, da war ich so müde, das konnte selbst meine Gedankenschnelligkeit nicht kompensieren. Manchmal genügte dieser eine Moment, den man so gerne magisch nennt, ein Tor, ein Pass. Und ich kam in der Beurteilung gut weg, auch wenn mir sonst nicht viel gelungen war. So rettete ich mich manchmal durch meinen Esprit und meine Technik.

Wir haben uns das dramatische Spiel Frankreich gegen Brasilien im Viertelfinale der WM 1986 in Mexiko nochmals angeschaut. Sie waren angeschlagen, nicht in der besten Form und trotzdem am Ende glücklicher als die brasilianische Nummer 10, als Zico. War das eins Ihrer größten Spiele?
Also, ehrlich gesagt, darauf wäre ich nicht gekommen.

Doch, doch. Glauben Sie uns, wir haben es gerade wieder gesehen. Wir waren beeindruckt. Es war eins dieser Spiele, wo Sie wirklich überall waren.
Erzählen Sie das mal den französischen Journalisten. Die denken anders darüber. Und ich eigentlich auch. Vielleicht ist meine Erinnerung durch den verschossenen Elfmeter so negativ.

Zico kam in der zweiten Halbzeit aufs Feld, spielte gleich einen Zuckerpass auf Branco, der gefoult wurde, Zico trat zum Strafstoß an – und verschoss. Als er sich umdrehte, tätschelten Sie ihm tröstend die Schulter. Aus Mitgefühl?
Aus Mitgefühl, aus Sympathie, aus Freundschaft. Aus Bewunderung. Ich war natürlich froh für uns, dass er nicht traf, für ihn persönlich tat es mir Leid. Zico und ich spielten ja damals in Italien, ich bei Juventus, er bei Udine. Wir sind seitdem befreundet. Ich habe von ihm als Fußballer geschwärmt. Er war eine Mischung aus Maradona und mir. Zico hätte bloß nicht in Udine spielen dürfen. Hätte er für einen der großen Klubs in Italien gezaubert, würden die Fans heute noch mehr von ihm schwärmen.

Und natürlich auch, wenn er einen Titel mit Brasilien gewonnen hätte. Zico und seine Nationalteams stehen für das Scheitern des Schönen Spiels. Wie 1982 fuhren die Brasilianer, die Meister dieses Stils, auch vier Jahre später vorzeitig nach Hause.
Ah, ja, ich kann mich noch an die weinenden Menschen in Guadalajara erinnern. Mir kam es vor, als würden um mich herum 1 000 000 Brasilianer weinen. Ich halte allerdings überhaupt nichts davon, diese Phase als das Scheitern des Schönen Spiels anzusehen. Der Fußball ist nicht rational. Nicht berechenbar und erst recht nicht gerecht. Wenn Mannschaften bei einer WM das Viertel-

finale erreicht haben, ab diesem Moment sind die Unterschiede zwischen ihnen in der Regel minimal. Es entscheidet dann oft das Glück, irgendeine bescheuerte Situation. Wie ist es denn uns ergangen? Eigentlich genau wie den Brasilianern. Ich habe die Niederlage in Mexiko im Halbfinale gegen Deutschland als meine bitterste Erfahrung in all unseren Vergleichen empfunden. Denn 1986 waren wir besser als die Deutschen. 1982 vielleicht auch schon. Aber damals war uns nicht bewusst, wie gut wir waren.

Glauben Sie, dass der Mythos um die Nummer 10 noch die Strahlkraft hat, die er verdient?
Nein, weil es ihn nicht mehr gibt. Wo sind denn die Spieler mit den Eigenschaften der echten Zehner? Verschwunden. Und man sieht die 10 auch nicht mehr in jedem Spiel. Durch die Vermarktung der Rückennummer kreiert sich jeder Spieler seine eigene Nummer. Wie zum Beispiel Michael Ballack, der mit der 13 herumläuft. Und Zidane trägt auch nicht die 10 im Klub. Bei Real die 5, früher bei Juventus die 21, in Bordeaux die 7, davor in Cannes die 11. Ich glaube, ihn interessiert die 10 nicht so sehr.

Aber in der Nationalmannschaft trägt Zidane die 10.
Ja, weil es da noch so etwas wie Tradition gibt.

Durch Sie.
Ouiiii.

Schaut man sich die Geschichte an, könnte man meinen, dass nach Pelé die besten Spieler fast immer die 10 trugen.

Mal sehen, gehen wir die einzelnen Epochen durch: In den 60ern, klar, das war Pelé. Für die 70er stimmt das schon nicht. Das waren nämlich Cruyff, der die 14 trug, und Beckenbauer, der die 5 hatte. In den frühen 80ern war ich das, danach Maradona. Zidane prägt die Jahrtausendwende. Okay, Sie haben fast Recht.

Sie haben die 90er Jahre vergessen.

Da gab es einen radikalen Bruch der Nummer 10. Lothar Matthäus war für mich der Anfang dieser Entwicklung. Er trug bei Inter die 10, obwohl er früher, als ich bei St. Etienne war und er bei Gladbach, mich Mann deckte. Auf einmal war er der beste Zehner seiner Epoche. Mit Inter italienischer Meister, mit Deutschland gewann er die WM 1990. Er war der beste, auch wenn er ein ganz anderer Zehner war als alle bisherigen. Matthäus war eine Neuschöpfung.

Viele Experten weigern sich, Matthäus als 10 anzuerkennen.

Natürlich ist er kein klassischer Zehner. Er konnte in diese Rolle ja auch nur schlüpfen, weil die Position vakant war. Die echten Zehner verschwanden von der Fußball-Bühne. Er besetzte diese Rolle auf seine Art. Passend zu seiner Epoche, in der die Athletik ein noch stärkeres Gewicht bekam. Das Spiel verlor die 10, ein großer Verlust. Hätte es bei Inter einen Spielmacher alter Prägung gegeben, hätte Matthäus niemals die 10 bekommen. Hätten in der deutschen Nationalmannschaft noch ein Magath oder ein Schuster gespielt, hätte Matthäus die 8 oder die 6 getragen. Aber das kann man nicht Matthäus vorwerfen.

War er wirklich der Vorreiter für den Wandel?

Aus meiner Sicht ja. Aus der 6 wurde ein Organisator, er war nicht mehr nur der Zerstörer. Das hat Matthäus exzellent vorgemacht. Es muss ja nicht immer der Sechser sein, der defensive Mittelfeldmann. Heute baut schon der Abwehrchef das Spiel von hinten auf. Das hat Franco Baresi beim AC Mailand in phantastischer Art und Weise gezeigt. Ein kluger Mann, der sich geschickt nach vorne einschaltete und somit Überzahl schuf. Beim WM-Titel der Franzosen 1998 trieb auch Deschamps das Spiel an, aber vor allem war es Laurent Blanc, und zwar aus der Innenverteidigung heraus. Das Spiel wird heute nicht mehr im Mittelfeld organisiert, die Schaltzentrale ist ganz nach hinten verlegt worden. An den Schalthebeln stehen Leute mit einer exzellenten Ballbehandlung und Sinn für Kombinationsfußball. Die ein Gefühl für Rhythmus und ein Auge für das ganze Feld haben.

Bei den Deutschen spielen dort oft noch Grätscher alter Schule.
So ist es. Früher lag die Schaltzentrale zwischen Mittelfeld und dem gegnerischen Strafraum. Das geht heute nicht mehr. Zwei Angreifer und dahinter einen echten Zehner – das ist selten. Auch Zidane spielt nicht in der Mitte. Er kommt über die linke Seite, weil im modernen System 4-4-2 auch er Defensivarbeit verrichten muss.

Gibt es außer ihm andere Spieler, die Sie heute als Zehner akzeptieren?
Sagen wir mal so: Der Italiener Francesco Totti ist für mich einer. Aber eben in der Tradition von Maradona, Zico oder Baggio. Wenn ich heute spielen würde, wäre auch ich eine 9,5, eine hängende Spitze. Was anderes wäre für mich und mein Spiel nicht möglich. Ich halte Totti für den vielleicht kreativsten Spieler unserer Zeit. Zidane ist der beste, weil er der komplettere Zehner ist, spektakulärer. Aber Totti schaue ich auch gerne zu.

Und was ist mit Ballack? Würden Sie ihm als Trainer die 10 überstülpen?
Ballack ist ein ganz anderer Typ als Totti oder Zidane. Ich schätze ihn sehr. Ich weiß, dass er in Deutschland oft in der Kritik steht. Für mich ist er ein Spieler, der ganz eigene Qualitäten hat. Sein direkter Zug zum Tor, er ist oft vorne zu finden. Er hilft aber auch hinten aus. Seine Laufwege würde ich mal gerne genauer studieren. Er hat das Zeug zu einer ungewöhnlichen 10.

Vielleicht werden Sie demnächst Präsident der FIFA oder der UEFA. Wenn es einen gibt, der die 10 von Verbandsseite her retten kann, dann sind Sie das. Lassen Sie in den Klubs wieder mit Rückennummern von eins bis elf spielen, so wie früher. Monsieur Platini, bewahren Sie bitte die Magie der Nummer 10!
Das ist eine gute Idee. Vielleicht gelingt mir das mal. Aber dann steht natürlich auch die 5 von Beckenbauer unter Denkmalschutz. Versprochen!

Zehner, die die 10 nicht trugen: Cruyff und di Stefano

»Wer gegen Cruyff spielt, darf ihn selbst dann nicht aus den Augen lassen, wenn er meint, er hätte überhaupt nichts vor. Cruyff hat immer etwas vor.«

Sepp Herberger, Bundestrainer

»Alfredo di Stefano ist beispiellos. Lange habe ich nach einem Wort gesucht, das der eigenwilligen und doch so ungewöhnlich mannschaftsdienlichen Konzeption seines Spiels gerecht würde. Schließlich fiel mir der französische Begriff ›omniprésence‹ ein, den zu übersetzen ich freilich zögere, weil ›Allgegenwärtigkeit‹ im Deutschen die Bedeutung des Göttlichen hat.«

Hans Blickensdörfer, Schriftsteller

»Cruyff bewies auf dem Spielfeld und anderswo eine solche Intelligenz, dass uns nicht einmal unser exzellenter Netzer in seiner besten Zeit zu trösten vermochte.«

Javier Marías, Schriftsteller

»Di Stefano thront auf dem Olymp, obwohl er nie eine Weltmeisterschaft gespielt hat. Er gehört zu den Künstlern, die über ihre Grenzen hinaus wirkten, sie einrissen, ohne ihre Natürlichkeit zu verlieren. Dabei ist es blöd zu fragen, ob er heute noch mitspielen könnte, so wie es blöde ist zu fragen, ob Chopin heute ein guter Musiker wäre. Selbstverständlich wäre er das, vielleicht als Rockstar, als Jazzpianist, wer weiß ? Spieler wie di Stefano sind Universalisten, denen nicht nur der Strafraum das Universum ist.«

César Louis Menotti, argentinischer WM-Trainer 1978

Zwei der größten Spielmacher der Geschichte trugen nicht die 10. Dabei hatten sie das Hirn und das Herz eines Zehners, füllten ihre zentrale Position mit der Grandezza einer 10 aus, entwickelten einen unverwechselbaren Stil. Der eine war der Niederländer Johan Cruyff, der Herr über die Zeit. Aus dem Stand konnte die Nummer 14 von *Oranje* wahnwitzig beschleunigen und ohne jeden Bremsweg stoppen. Ihm in der ewigen Ruhmeshalle des Fußballs ebenbürtig: der herrschsüchtige Alfredo di Stefano, Heiliger der Real-Fans, niemals locker lassend, der die Nummer 9 trug. Er war schon Don Alfredo, als Pelé noch beim FC Santos aufgepäppelt wurde.

Wie di Stefano schien Cruyff laut Taktiktafel ein Mittelstürmer zu sein, aber er kümmerte sich auf dem ganzen Platz um alle anfallenden Probleme. Er war das von klein auf gewohnt: Seine Mutter arbeitete nach dem frühen Tod seines Vaters als Putzfrau bei Ajax Amsterdam, und der kleine Johan schrubbte die Stiefel der Profis, steckte Eckfahnen in die Löcher und bolzte herum, wann immer es ging.

Wie so viele der Besten war auch er als Jugendlicher sehr dünn, hatte zudem Plattfüße, schwächliche Fußgelenke und Stelzenbeine. Dazu war er ziemlich aufbrausend. 1966, kurze Zeit nach seinem Debüt in der Nationalelf, rempelte er in einem Spiel gegen die CSSR angeblich (gesehen hat dies keiner) den Unparteiischen Rudi Glöckner an, da war er 19 Jahre alt – ein Jahr Sperre war die Folge. In der Halbzeitpause des WM-Endspiels 1974 kassierte er eine gelbe Karte, weil er es nicht lassen konnte, sich wegen Hölzenbeins Schwalbe beim Schiedsrichter zu beschweren.

Ein cholerischer Antiathlet also, dieser Cruyff, und dazu ein überzeugter Raucher. Doch sein Wille beherrschte die Mitspieler; wenn er den kleinen Finger hob, begann ein Nebenmann zu spurten. Und er verfügte über die Gabe der Antizipation. Über die meisten Grätschen sprang er einfach hinweg. Scheinbar mühelos führte er erst seinen Klub in die Spitze, dann sein Land, das jahrzehntelang zufrieden gewesen war, wenn sein Nationalteam den Nachbarn Belgien besiegte.

Heute ist er 56 Jahre, und noch immer heißt es, er sei unersättlich, wenn es ums Geld geht. 1973 drohte er, sich notfalls von Ajax freizuklagen, um zum FC Barcelona wechseln zu dürfen. Ein Jahr später trug er für Holland nur zwei statt drei Streifen auf den Ärmeln, weil er einen anderen Ausrüster hatte als seine Mannschaftskameraden.

Cruyffs Name stand als Spieler für *total football*: Die Stürmer helfen hinten aus, Verteidiger tauchen vorne auf, die Mannschaft ist in permanenter Bewegung. Wenn der Gegner den Ball hat, verengen Abwehr und Angriff den bespielbaren Raum. Bei eigenem Ballbesitz schwärmen die Außen aus, um das Spiel in die Breite zu ziehen. Auch als Trainer war Cruyff ein humorloser Mann, der nicht verlieren konnte – doch zugleich ein Liebhaber des Schönen Spiels. Die Versöhnung von Kunst und Effizienz erreichte er zu Beginn der 90er Jahre mit dem FC Barcelona. »Rennt nicht so viel«, sagte er seinen Profis. »Fußball spielt man mit dem Gehirn.« Wenn es nach Cruyff geht, gibt es im Fußball zwei unterschiedliche Arten von Begabung: Die »Entscheider« können ein Spiel im Alleingang gewinnen. Die »Binder« halten mit ihrer Ausstrahlung die eigenen Linien zusammen. Nur ganz wenige vereinen beide Qualitäten. Das sind die Größten. Männer wie er.

Oder di Stefano. Der ebenso despotisch war wie Cruyff, der bei Real Madrid in den 50er und 60er Jahren in seinem maßlosen Ehrgeiz keinen zweiten Spielgestalter neben sich duldete – der Franzose Raymond Kopa zerbrach daran, der Ungar Ferenc Puskas ordnete sich listig unter, gerade so weit, wie er musste.

Di Stefano ist mit Sicherheit der beste Fußballer, der niemals ein WM-Spiel bestritten hat. 1962 wollte er an der Seite von Puskas für Spanien, ihrer beider neuer Heimat, den Titel gewinnen, doch di Stefano reiste verletzt nach Chile und kam zu keinem Einsatz. Geboren in Buenos Aires, lernte der Argentinier das Spiel bei der sagenhaften *maquina* von River Plate, der »Maschine«, jener torhungrigsten Mannschaft der Geschichte. 1949 wechselte er, mit 23 Jahren, wegen eines Spielerstreiks nach Bogotá in Kolumbien, von dort 1953 nach Madrid. Di Stefano warf sich auf dem ganzen Spielfeld ins Gemenge und hatte die Gabe, im größten Dickicht den rettenden Pfad zu erspähen. Seine Übersicht bleibt bis heute unerreicht. Dabei verschwendete er keine Energie darauf, sonderlich elegant zu erscheinen. Er war der Geist von Real, und nichts konnte ihn aufhalten. Schon damals, als er mit dem königlichen Klub von 1956 bis 1960 fünfmal in Folge den Europapokal der Landesmeister gewann, war sein Haupthaar dünn und wirkte sein Gesicht in stetem Groll gefangen.

Dabei wird er verehrt wie wenige nach ihm. »Der ganze Fußballplatz passte in seine Stiefel«, schrieb Eduardo Galeano. Sein Kollege Javier Marias nennt ihn *saeta rubia*, »goldener Pfeil«. Wie kein Zweiter schwärmt der Schriftsteller vom »Aufführungscharakter« des Fußballs, von seiner dramatischen erzählerischen Kraft, und vor allem daher ist er di Stefano verfallen, dem *Maestro* seiner Jugend.

Don Alfredo ist heute 77 Jahre alt. Wenn man Glück hat, trifft man ihn in Madrid in der *association des veteranos*, unten, in den Katakomben des Santiago-Bernabeu-Stadions, wo er mit ein paar Kumpels aus alten Tagen Karten drischt. Und wenn man noch mehr Glück hat, ist er nicht allzu schlecht gelaunt. Er sitzt auf seinem dünnen Holzstuhl wie ein König im Exil, die Augen hinter dicken Brillengläsern verschanzt. Sie wirken, als hätten sie schon vor Äonen alles gesehen. Man merkt ihm an, dass er noch immer gefürchtet werden will.

Niemals hat er verwunden, dass seine Zeit als König von Real irgendwann enden musste. Dass sie ihn, als er auf die 40 zuging, abservierten. Das Bernabeu-Stadion war früher sein Reich. Nun ist er zwar Ehrenpräsident des Vereins, aber Macht hat er nur noch in der Bar der Veteranen.

Und so schimpft er, wie er früher spielte: mit aller Zähigkeit, mit aller Klarheit. Er verachtet die Spieler heute, die Gegner, die Zuschauer, und wahrscheinlich verachtet er am meisten sich selbst, die Schlaffheit seines Alters, denn einer wie er hat kein Herz für Schwächlinge.

Bevor er das Gespräch für beendet erklärt, sagt er: »Manchmal habe ich den Eindruck, dass selbst große europäische Mannschaften, wenn sie heute gegen Real spielen, immer noch gegen Puskas, Gento und mich antreten. Ja, sie haben Riesenrespekt, weil sie immer gegen die Geschichte von Real spielen.«

Und er sieht dann doch ein bisschen stolz aus.

Maradona

Der Sinn des Spiels

»Maradona hatte die Schlitzohrigkeit eines Uruguayers, das Ballgefühl eines Brasilianers, die Kraft eines Deutschen, das Sprintvermögen eines Holländers. Ja, er verkörperte die genetische Synthese des Fußballs in seiner gesamten Brillanz.«
César Luis Menotti

»Mit Maradona ist der Hunger leichter zu ertragen.«
Fan-Plakat in Neapel

»Im Laufe der Zeit wird man sagen, dass Maradona für den Fußball das war, was Rimbaud für die Dichtkunst und Mozart für die Musik war.«
Eric Cantona, französischer Fußballer

»Die Leute müssen verstehen, dass Maradona keine Maschine ist, die dazu da ist, sie glücklich zu machen. Warum können sie Maradona nicht verzeihen? Manchmal reicht schon ein einziges Spiel aus, in dem Maradona nicht gut spielt oder kein Tor schießt, und dann ist die Hölle los.«
Diego Armando Maradona

»Noch nie in der über 50-jährigen Geschichte der Weltmeisterschaft beherrschte das Talent eines einzelnen Spielers in so hohem Maße die Gedanken an das Finale.«
Hugh McIlvanney, Reporter des *Observer*, 1986

»Das Einzige, was man mit Sicherheit über Maradona sagen kann, ist, dass wenn er stirbt, egal auf welche Weise, die Trauerfeier in Buenos Aires so groß sein wird wie Evitas; aber selbst dann werden die Leute nicht glauben, dass er tot ist.«
Jimmy Burns, Maradonas Biograph

Das Spiel ist grausam. Es verzehrt den, der sich ihm ausliefert. Es fordert bei manchen Spielern das Innerste heraus und kehrt es nach außen; und wenn es das Innerste verbrannt hat, lässt es die Hülle fallen. Diego Armando Maradona gab sein Leben dem Fußball. Er war die tragischste 10, vielleicht auch die größte.

Mehr als jeden anderen muss man ihn spielen gesehen haben. Er war Spektakel, er war Drama, sein Spiel war Sturm und Drang. Er strahlte Freude aus, Mut, Phantasie, wie man es seither nie wieder sah. Wenn er den Ball hatte, hielt man den Atem an. Es konnte jeden Moment etwas passieren, und man hatte keine Ahnung, was.

Für viele war der Argentinier der beste Einzelkönner der Geschichte, auch wenn er dank seines Laufstils eher an einen wütenden kleinen Stier erinnerte denn an einen Matador. Er musste sich, anders als Pelé, bereits der Treter im Zeitalter der Hochathletik erwehren. Ähnlich wie den Brasilianer bei den WM 62, 66 und 70 verfolgten und beharkten sie auch Maradona bei seinen WM-Turnieren zwischen 1982 und 1994; aber er sah sich nicht wie Pelé meist einem Mann, höchstens zwei gegenüber, sondern war bereits umschwärmt von Gegenspielern, die gegen ihn alles in die Waagschale warfen, sie wollten ihm keinen Zentimeter Raum geben, denn sie wussten, das konnte bereits das Verderben sein.

Am Ball schien er die Welt zu vergessen, so besessen, mit durchgedrücktem Kreuz, gesenktem Kopf und fliegenden Armen, spielte er sein Spiel. Und doch, inmitten seines nervös wirkenden Eifers, ein Kolibri unter Tauben, sah er den freien Mann. Sein Spiel war niemals in sich ruhend; selbst wenn er auf den Ball trat, flimmerte die Luft vor nimmersatter Lust auf Abenteuer. Maradona, 1,68 Meter klein, war das Perpetuum mobile unter den Zehnern, nie war der Gegner vor ihm sicher, selbst in den trügerischen Momenten seiner Bewegungslosigkeit, und durch seinen Antritt auf stumpenkurzen Beinen konnte er die Gegner überrumpeln wie niemals zuvor ein Spielmacher. Seinem Tempo war nur er gewachsen.

Das größte Wunder aber war, wie er Spielern Klasse gab, die ohne Maradona nur gewöhnlich wirkten. Pelé hatte Vava und Didi, Garrincha, Rivelino und Tostao neben sich. Als er 1962 ausfiel, gewann Brasilien trotzdem die WM. Anders Argentinien, das Land, das sich als Vorposten Europas in Südamerika sieht und verächtlich auf das Völkergemisch Brasiliens blickt; ein Land, das sich nach Größe sehnt und im Fußball sich selbst zu finden hofft.

Anders also Maradonas Last. Wenn er versagte, scheiterte auch Argentinien. Wenn er überragte, führte er seine Mannschaft in Weiten jenseits des Horizonts. Er war sich seiner Rolle bewusst, und trotzdem wuchs er noch daran.

Maradona hatte, auch dies ein Gegensatz zu Pelé, nie die Chance, sein Talent ohne die Bleifesseln der Erwartungen zu zeigen. Die Gegner kannten und jagten ihn schon 1982. Er konnte nur scheitern, und in Spanien geschah das auch, er verlor die Nerven, als Zico, Socrates und Falcao die Argentinier zertrümmerten und Maradona vom Platz flog.

Was einer wie er gelitten haben muss, vier Jahre lang, vom eigenen Können durchdrungen, in sich verliebt, auf höchstem Niveau durch eigene Dummheit gedemütigt, verstoßen, verlacht! Und dann kehrt er 1986 zurück, 26 Jahre alt, drei Jahre lang hat er nach der letzten WM nicht für Argentinien gespielt, und weiß, diesmal muss er es besser machen, vielleicht gibt es kein nächstes Mal. Und er gewinnt das Viertelfinale gegen England fast alleine (und mit Gottes Hilfe, natürlich), ebenso das Halbfinale gegen Belgien. Im Finale rücken ihm die Deutschen in Gestalt von Lothar Matthäus zu Leibe, und er spielt trotzdem den entscheidenden Pass zum 3:2, ein Stich ins Herz des Gegners. »Es ist wie mit den Händen den Himmel berühren«, beschreibt er später das Gefühl, als Kapitän den WM-Pokal in die Höhe zu halten. Pelé war, mit 17 Jahren, einfach da. Maradona war endlich da.

Er besaß erhebliches theatralisches Talent; allerdings setzte er dies selten gewinnbringend für sein Spiel ein. Er neigte zum Melodrama, zum Überzeichnen, was stets der sicherste Weg ist, kein Mitleid zu finden. Nie begriff er, dass er diese Posen nicht nötig hatte, ja, dass sie seine Leistungen in gewisser Weise entwerteten. Dem Vorwurf, dass er 1986 das 1:0 gegen England mit der Hand erzielt habe, entzog er sich mit dem Spruch: »Es war der Kopf Maradonas und die Hand Gottes.« In Argentinien wurde solche *viveza*, solche schlitzohrige Verschlagenheit, gefeiert – der Rest der Welt bedauerte seine Schäbigkeit. Man muss ihn dafür nicht verdammen. Aber man darf es bemerken.

1990 führte Maradona ein schwaches argentinisches Team noch einmal ins WM-Finale, aber als man es gegen die Deutschen verloren hatte, zimmerte er sich eine Verschwörungstheorie zurecht. Danach folgten Drogenskandal, Sperre, Kummerspeck. Im September 1993 saß er auf der Tribüne, als Argentinien zu Hause 0:5 gegen Kolumbien verlor, er saß da in seinem Trikot mit der 10 auf dem Rücken und hörte, wie die Menschen »Ma-ra-dooó!« brüllten, der ihr Land retten solle. Zur WM 1994 kehrte ihr Held zurück ins Nationalteam, fit dank einer Radikaldiät.

Zwei Siege dauerte es, dann wurde Maradona des Dopings überführt, und in der Folge verlor Argentinien seine nächsten beiden Spiele, schied kläglich aus. Nach dem 0:2 gegen Bulgarien sagte Fernando Redondo zu Maradona, die Augen mit Tränen gefüllt: »Ich habe dich gesucht, ich habe dich auf dem Platz gesucht und konnte dich nicht finden ... Das ganze Spiel über habe ich dich gesucht.« Bis heute wird er vermisst. So viele hochbegabte Spieler bringt Argentinien hervor, doch wenn es daran geht, dass Riquelme, Aimar oder Ortega sich im Nationalteam die 10 überstreifen sollen, verkümmert ihr Mut. Sein Erbe erdrückt sie.

So wie Maradona spielte, so lebte er auch, und so lebt er heute noch, wer weiß, wie lange. Selbstverliebt und impulsiv, unberechenbar, selbstzerstörerisch. Stets schlecht beraten, umgeben von Speichelleckern und willfährigen Ärzten, von korrupten Managern und einer alles tolerierenden Ehefrau, ohne jeden Instinkt im Privaten. Ein Emporkömmling, den der Gipfelsturm überforderte.

Die Natur beschenkt nur wenige Menschen in reiner Fülle. Anders als Pelé, Beckenbauer und Platini besitzt Maradona kein Gefühl fürs rechte Maß. Die drei banden sich nach ihrer Karriere Krawatten um und die Welt lag ihnen zu Füßen. Maradona nicht. Es scheint, als habe er alles, was er wisse, in sein Spiel gelegt, und das Spiel war gefräßig – fürs Leben war nichts mehr da. Nach Lektüre seiner Autobiographie weiß man das mit betrüblicher Sicherheit. Den Jähzorn und die Theatralik des kleinen Kindes verbindet er mit dem Geltungsdrang des überforderten, unbescheidenen, eitlen Auserwählten.

Er wuchs in Villa Fiorito auf, einem jener Vororte von Buenos Aires, in denen man früh lernt, sich mit allen Mitteln zu behaupten, wo man unerschrocken wird und begreift, dass man sich immer wieder berappeln muss und dass es im Leben keine Gerechtigkeit gibt. Der Junge war von Anfang an zu klein, schien anfangs vielen ein Zwerg zu sein. Der Vater von indianischer, die Mutter von süditalienischer Abstammmung, war er der älteste von acht Kindern; ihr gemeinsames Zimmer war zwei mal zwei Meter groß. Wenn Diego einkaufen ging, hielt er mit seinen Füßen eine Apfelsine in der Luft. Seine erste Mannschaft hieß *Los Cebollitas*, die Zwiebelchen, mit der er, die 10 auf dem Rücken, 136 Spiele in Folge gewann, was er in einem kleinen Heft notierte.

Man nahm sich seiner an, damit er zu Kräften kam: »Als ich mit ihm fertig war, sah er aus wie ein junges Rennpferd«, brüstet sich noch heute der Arzt Roberto »Cacho« Paladino, der den kleinen Maradona zu einem Athleten formte, der Beine hatte wie Baumstämme. Maradona debütiert, wie Pelé, mit 15 Jahren in der 1. Liga. Mit 16 ist er Nationalspieler, Vereinsbosse, Reporter und Generäle reißen sich um seine Gunst, und mit 17 der unglücklichste Junge der Welt – Menotti hat ihn aus seinem Kader für die WM im eigenen Land gestrichen. Als er es erfährt, heult er sich in seinem Zimmer die Augen aus. Dass der große Menotti ihm seine Liebe entzieht, verkraftet er nicht. Bis heute kann er *El Flaco*, dem Dürren, das nicht verzeihen, noch immer spricht er »vom traurigsten Tag in meiner Karriere«. Drei Wochen lang versteckt er sich damals in Esquinas, im Heimatdorf seines Vaters, bis er der Welt wieder in die Augen blicken kann. Schon zwei Jahre später sagt er: »Ich will eine Ruhepause. Die Leute sprechen über mich, dabei verformen sie Maradona, den Menschen, und das muss ich verhindern.«

Er sollte es nicht schaffen. »Mein größter Zweifel ist, ob er genügend Größe als Mensch besitzt, um weltweite Verehrung zu rechtfertigen«, schreibt Pelé 1982 in der Zeitschrift *Clarin*. Maradona fühlt sich von seinem Idol verraten. Als er wenig später, nach der missratenen WM, nach Barcelona wechselt, beginnen seine Drogenprobleme. In der wohlhabenden Stadt fühlt er sich gesellschaftlich geschnitten. Er schart Landsleute um sich, die er aushält. Der Maradona-Clan wird Legende; in seinem Haus werden Orgien mit Prostituierten gefeiert, nachts kann Maradona nicht schlafen, geht tanzen, vertreibt sich die Zeit mit Porno-Videos.

Er ist pleite, als er 1984 nach Neapel wechselt. Zu seiner Vorstellung kommen 80 000 Menschen ins São-Paolo-Stadion. Neapel ist ein Vulkan; hier fühlt er sich verstanden. Drei Jahre später führt er den SSC zum *scudetto*, der italienischen Meisterschaft, zum ersten Mal seit 60 Jahren, diesen brodelnden Klub der Benachteiligten, den unwahrscheinlichsten Meister, den Italien hervorbringen konnte, der vor und nach Maradona im Ehrgeiz vor sich hin brütete. Seine 10 wird heute von diesem Klub nicht mehr vergeben.

Was den Argentinier anderswo schillernd machte und anrüchig, das ließ ihn in Neapel zum *gualio* werden, zu ihrem Jungen. Sie glaubten auch deshalb an ihn, weil er abseits des Feldes war wie sie. So benachteiligt, so unfähig, sich geräuschlos durchs Leben zu schleusen wie die Herren im Norden Italiens. Weil sein Leben ein ständiges Theater war, ein schwerfälliger Kampf mit mächtigen Feinden, zum Scheitern verurteilt. Trotz aller Klasse schien er so ohnmächtig wie sie. Und deshalb glaubten sie an ihn, weil er wahr machte, wofür sie beteten: Den Machthabern eins auszuwischen, dafür verehrten sie ihn, denn er vollbrachte dieses Wunder. Im sinnesgeladenen Neapel ruht sein Portrait noch heute, heiligengleich, in den Schreinen. Er erlöste sie, wie nur er es konnte, mit Toren, die aus dem Himmel zu fallen schienen, so unglaublich waren manche, Schlenzer aus 20 Metern, im Fallen gelupft, unmögliche Flugbahnen, Mirakel.

Maradona schlief stets lange, erschien zum Training, wann immer es ihm genehm war. Reiste mit seinem eigenen Jet zu den Spielen. Nicht einzufangen, nicht zu disziplinieren, nicht zu brechen, und er fand tatsächlich Trainer, die ließen ihn machen, die hatten die Größe, klein beizugeben. Er war nicht in der Lage dazu, anders als Pelé, der sich im Zweifel fügte, dem Extravaganzen dieser Art nicht eingefallen wären, wie sie nur dem Größenwahnsinnigen einfallen, oder dem wahrhaft Großen. Und dennoch, verblüffend genug, loben ihn ehemalige Mitspieler noch heute für seinen Kameradschaftssinn, für seine Warmherzigkeit. Sie wussten, sie konnten sich auf ihn verlassen. Er nutzte dies aus, und keiner war ihm böse. In Sevilla prügelte er sich 1993 mit Carlos Bilardo, jenem Trainer, mit dem er 1986 die WM gewonnen hatte. Und einmal schoss er mit Schrot auf Journalisten, aber da wunderte man sich schon über gar nichts mehr. Er war abhängig vom Kokain, eine Karikatur seiner selbst.

Wenn man seine Geschichte nicht kennt, ist Maradona eine lächerliche Figur. Wenn man sie kennt, wird er in all seiner Widersprüchlichkeit liebenswert. Er hat sich als Spieler selbst um die Früchte der Erfahrung gebracht, von denen nur in Ruhe gereifte Menschen kosten. Und zugleich hat er uns kostbare Momente genommen, den Genuß, den reifen Maradona zu sehen, seiner Schnelligkeit beraubt, aber listenreich wie eh, und der Anführer einer Rasselbande von Nachfolgern. Wir haben alles Recht, ihm gram zu sein.

Und dennoch: Maradona muss einem Leid tun, wenn man den Fußball liebt. Aber vielleicht ist es auch so, dass man nicht so gut Fußball spielen kann, wie er es konnte, ohne so zu sein wie er. Es ist die antike Geschichte des *heros*, des Halbgotts, der von den Göttern verstoßen wird.

In Argentinien haben sie ihn nicht vergessen, natürlich nicht. Diego, 43, ist allgegenwärtig, sie rufen seinen Namen, so, wie man Jesus anruft. Es gibt eine Kirche Maradonas, die 20 000 Anhänger hat und seinen Geburtstag heiligt. Als er 1994 des Dopings überführt war, sendete das Fernsehen Bilder seiner Tore, unterlegt mit Trauermusik. Jedes seiner acht Comebacks, das sagte er einmal selbst, war für ihn »eine Auferstehung«.

Im Oktober 1997 macht er sein letztes Spiel, man erkennt ihn kaum noch wieder. »Ich bin eine Ruine«, sagt er, da ist er 38 Jahre alt. Hat er sein Leben verpfuscht? Oder war das der Preis seines Spiels? »Ich war immer im Auge des Sturms«, schreibt er in seiner Autobiographie. Im Auge eines Sturms aber herrscht Ruhe. Er war der Sturm.

England – Kämpfer und Clowns

von Simon Kuper

Eine Legende des englischen Fußballs: Wir schreiben das Jahr 1975, England hat Weltmeister Deutschland gerade mit 2:0 geschlagen. Günter Netzer kommt auf Alan Hudson zu, den 23-jährigen Spielmacher der Engländer, der soeben sein Debüt in der Nationalmannschaft gegeben hat, und sagt zu ihm wie zu einem würdigen Nachfolger: »Du warst der beste Mann auf dem Platz.« Hudson bestritt nur ein einziges weiteres Spiel für England.

Vielen englischen Zehnern ist es ähnlich ergangen: Wer erinnert sich in Deutschland noch an Rodney Marsh, Stan Bowles, Frank Worthington oder Matt Le Tissier? Alles Spieler, die nur wenige Gastauftritte in der Nationalelf hatten. Selbst spätere Spielmacher, denen eine längere internationale Karriere beschieden war – Glenn Hoddle und Paul Gascoigne –, wurden nie zu einem englischen Platini, Zidane oder Netzer. Daran waren, wie ich meine, der Alkohol und der Zweite Weltkrieg schuld.

Anfang der 70er Jahre hatte kaum ein Klub einen Spielmacher, doch plötzlich tauchten mehrere gleichzeitig auf. Vielleicht hing das damit zusammen, dass man bei den Weltmeisterschaften 1958 und 1962 die brasilianischen Ballkünstler im Fernsehen hatte bewundern können. Jedenfalls begannen unvermittelt junge Männer mit langen Haaren und schicken Anzügen, Verteidiger zu verprügeln und tolle Pässe aus dem Mittelfeld zu schlagen. Die *Mavericks*, »Einzelgänger«, wie man sie später nannte, machten keinen Hehl aus ihren Sauftouren, amourösen Abenteuern und Auseinandersetzungen mit dem Trainer.

In England war so etwas bis dahin unbekannt gewesen. Hier hatte man jahrzehntelang Fußball auf durchgeregneten, schweren Plätzen gespielt; die Kreativspieler waren üblicherweise an den Flügeln zu finden, weil es nur dort einigermaßen trockenen Boden gab. Bobby Charlton schlug zwar als Spielgestalter genauso gute Pässe wie Netzer, aber er konnte auch rennen, hart in den Mann gehen und Tore schießen – alles englische Tugenden –, und er trug die Haare nicht lang.

Sogar den alten Knackern, die im englischen Fußball das Sagen hatten, fielen die *Mavericks* auf. Alf Ramsey, der Trainer des englischen Weltmeisterteams von 1966, spielte mit dem Gedanken, den 18-jährigen Hudson 1970 nach Mexiko mitzunehmen. Aber er tat es nicht. Das ärgerte nicht nur die Fans, sondern vor allem die Journalisten. Sie hatten Auslandserfahrung, kannten das Phänomen der Nummer 10. Sie warfen Ramsey vor, nichts mit Charisma anfangen zu können. Zum Teil stimmte das – er war im Zweiten Weltkrieg Soldat gewesen, doch davon später mehr –, aber leider schafften es die *Mavericks* auch ohne ihn, sich die Karriere zu ruinieren.

Sie sahen sich als Entertainer, Ikonen der 70er, die dem englischen Spiel Leben einhauchten. Jahre später sagte Marsh rückblickend in Florida: »Englischer Fußball ist ein graues Spiel, das von grauen Leuten an grauen Tagen gespielt wird.« Sie beklagten sich, für Männer wie Ramsey gehe es beim Fußball nur um die körperliche Verfassung und den Sieg; tja, und für sie waren körperliche Verfassung und Sieg zweitrangig. Sie hingen der Philosophie einer Trennung von Körper und Geist an. Sie tranken – wie die meisten Fans. Alkohol ist schon lange die Geißel der englischen Arbeiterschicht. Doch die physische Verfassung war im britischen Spiel immer so wichtig, dass sogar harte Trinker wie zum Beispiel Bobby Moore es schafften, trotz Alkohol Leistung zu bringen. Anders als die *Mavericks*.

Die schienen nicht einmal den *World Cup* gewinnen zu *wollen* wie seinerzeit Bobby Charlton. Manchmal spielten sie genial, manchmal verloren sie bei selbstverliebten Tricks den Ball schon im hinteren Mittelfeld. Als Marsh zu Manchester City kam, lag die Mannschaft mit mehreren Punkten Vorsprung an der Tabellenspitze, doch er schaffte es, ihr die Meisterschaft zu verpatzen. Den *Mavericks* schienen Punkte nicht so wichtig zu sein; sie hingen eher einem Byron-Ideal an: Glamour, Sex, romantisch-schicksalhaftes Scheitern. Worthington, der eigentlich das Talent zu einer langen Karriere in der Nationalmannschaft besessen hätte, schrieb schließlich eine Autobiographie, in der es um kaum etwas anderes als Sex ging. Die *Mavericks* waren nicht ganz so begabt wie George Best, der genialische Nordire, tranken genauso viel wie er, hatten aber weniger Hirn. Sie verstanden sich als Entertainer, doch eigentlich waren sie Clowns.

Ein paar Jahre nach dem Verschwinden dieses Phänomens, genauer gesagt 1979, gab der junge Tottenhamer Spielmacher Glenn Hoddle sein Debüt in der Nationalelf. In den folgenden zehn Jahren nahm er an 53 Länderspielen teil. »Waren es tatsächlich so viele?«, fragt er, darauf angesprochen. Und nach kurzem Überlegen fügt er hinzu: »Aber nur in einem hab ich auf der gleichen Position wie in Tottenham gespielt.« Bei den meisten der 52 anderen Spiele war er mit enger Manndeckung beschäftigt.

Hoddle eignet sich zur Illustration der englischen Einstellung Spielmachern gegenüber besser als die *Mavericks*, weil er sich als wiedergeborener Christ und Anti-Alkoholiker nicht selbst kaputtmachte. Johan Cruyff sagte 1988 über ihn: »Wenn Hoddle, meiner Ansicht nach der derzeit beste englische Fußballer, das Spielfeld betritt, erlebt das Team eine Verwandlung.« Von Michel Platini ist der berühmte Ausspruch überliefert, wonach Hoddle, wäre er Franzose gewesen, sicher »150 Mal in der Nationalmannschaft gespielt« hätte.

Mit Hoddle lief es folgendermaßen ab: Zwar wurde er aufgrund seiner Begabung in die Nationalmannschaft berufen, aber dort spielte er dann ihr zum Trotz. 1981 versuchte er das Phänomen in Worte zu fassen: »Anders als die Brasilianer suchen wir von dem Augenblick an, wo wir das Talent eines Spielers entdecken, nach seinen Fehlern. Das kenne ich seit meiner Kindheit. Man braucht Spieler, die rennen und den harten Zweikampf suchen, aber gleichzeitig sollen sie 40-Meter-Pässe schlagen oder drei Leute umspielen können. Das, was die Techniker am besten beherrschen, ist nicht gefragt.«

Nicht nur Hoddle erging es so. Andere englische Kreativspieler, die nicht tranken, hatten die gleichen Probleme. Chris Waddle und John Barnes, beide Stürmer, beklagten sich während der WM 1990 immer wieder bei dem Autoren Pete Davies darüber, dass sie praktisch die ganze Zeit als Verteidiger eingesetzt wurden. Ihrer Meinung nach ersticke das englische System, das alle Spieler fest an ihre Position binde, jede Spielfreude im Keim. Sie fühlten sich wie in einer Zwangsjacke.

Dieses englische Misstrauen echten Zehnern gegenüber wird vielleicht am ehesten durch die Biographie von Bobby Robson deutlich, Englands Nationaltrainer von 1982 bis 1990, also während fast der gesamten Zeit, in denen Hoddle, Waddle und Barnes international spielten. Robson, der, obwohl bereits über 70, immer noch Newcastle United coacht, liebt Kreativfußballer. Als Trainer der englischen Nationalmannschaft holte er dieses Trio dutzende Male in den Kader. Dennoch stammen seine Werte, die denen der meisten Macher im britischen Fußball entsprechen, aus dem Zweiten Weltkrieg.

Robson wurde 1933 geboren, also am Ende der britischen Kolonialzeit, die von vielen Scharmützeln geprägt war. Vor 1945 mussten britische Männer etwa 200 Jahre lang im Ausland die Einheimischen unterwerfen oder gegen andere Europäer kämpfen. So entstand der Kult um den Soldaten, der bereitwillig sein Leben zum Besten aller opfert.

In einem Land, das die meisten seiner Kriege noch immer nostalgisch verbrämt, musste dieser Kult den 8. Mai 1945 überdauern. Und er hat in der konservativen Männerwelt des Fußballs nach wie vor Gültigkeit. Auf den schlammigen Plätzen, die es in England zumindest die 70er Jahre hindurch gab, wurde mit großen, schweren Stiefeln gespielt (leichtere galten als fast schon sicheres Zeichen für einen Homosexuellen). Bis zum heutigen Tag vergleichen englische Trainer ihre besten Spieler mit Soldaten. Bobby Robson beispielsweise schwärmte über Bryan Robson, den Kapitän des englischen Nationalteams: »Den könnte man in jeden Graben stecken, und man würde wissen, dass er sich als Erster herauswagt.« Wahrscheinlich hätten nur wenige ausländische Trainer verstanden, was er damit meinte, und noch weniger hätten es gesagt.

Bobby Robson mag ein extremes Beispiel sein, aber er steht keineswegs allein da. Kevin Keegan, der erst Jahre nach dem Ende des Zweiten Weltkriegs geboren wurde, schickte in seiner Zeit als Nationaltrainer einmal Paul Scholes mit folgenden Worten ins Gefecht: »Geh raus und wirf ein paar Handgranaten.« Prompt versetzte dieser einem Gegner einen Tritt in den Hintern und flog vom Platz.

Englische Trainer schätzen Kämpferqualitäten: Zuverlässigkeit, Gehorsam, Ausdauer, Tapferkeit. Bobby Robson brachte es in der Vorrunde der WM 1990, als er sich um den Einsatz des 22-jährigen Spielmachers Gascoigne herumzudrücken versuchte, auf den Punkt: »Man muss absolut zuverlässig sein.« Soldaten sind zuverlässig, Spielmacher sind Clowns. Und von »Gazza« Gascoigne hieß es, er sei »total durchgeknallt«.

Den Engländern ist die sentimentale Liebe zu Spielmachern fremd, wie sie in anderen Ländern existiert. Hoddle mag der bekannteste englische Spieler im Ausland gewesen sein, aber in seiner Heimat reichte er nie an die Beliebtheit von Bryan Robson heran. Sein Spitzname dort war »Glenda«, also ein Frauenname. Bisweilen wurde er mit so viel Spott überschüttet, dass Brian Clough, der Trainer von Nottingham Forest, sich bemüßigt fühlte zu sagen: »Es sind Rückgrat und Mut nötig, um so zu spielen, wie Hoddle es tut.«

Lange konnte man den Eindruck haben, dass die Engländer Spielmacher sogar verachten. Anfang der 90er änderte sich diese Einstellung jedoch allmählich. Das Spiel der Kontinentaleuropäer sah um etliches besser aus als unseres, und dort gab es auch Leute, die lange Pässe spielen konnten. Also schob Robson seine Bedenken beiseite und nahm Gascoigne zur WM 1990 mit, wo der Junge glänzend spielte.

Dann kam die Entwicklung für kurze Zeit zum Stillstand: Nach der Weltmeisterschaft wurde Robson als Nationaltrainer von einem Mann abgelöst, der nicht an die Kunst der langen Pässe zu glauben schien. Graham Taylor verabschiedete sich von seinen Technikern Waddle, Bryan Robson und Gary Lineker und ersetzte sie durch Kämpfer. Sein Team verpasste die Qualifikation für die Weltmeisterschaft 1994 – es war das einzige Mal in den letzten 25 Jahren, dass die englische Mannschaft nicht an dem Wettbewerb teilnahm. Ungewollt ebnete Taylor den Weg für den Wandel des von ihm so geliebten Kick-and-Rush-Fußballs zum europäischen Stil mit langen Pässen.

1996 wurde Hoddle selbst englischer Nationaltrainer. Das sollte wohl so etwas wie eine nachträgliche Entschuldigung dafür sein, dass man ihn während seiner aktiven Zeit so schlecht behandelt hatte. Sir Bert Millichip, der damalige Vorsitzende der Football Association, sagte: »Er spielte jenen technisch versierten Fußball, den das gesamte Komitee zu würdigen weiß und den wir jetzt auf internationaler Ebene brauchen.« Egal, was man von Hoddles Egomanie und religiösem Fanatismus hält: Er machte aus dem englischen Team eine Mannschaft, die wieder lange Pässe spielte. Zwar ließ er Gascoigne nicht zur Weltmeisterschaft 1998 mitfahren, aber da Gazza, als ihm das mitgeteilt wurde, im volltrunkenen Zustand eine Lampe in Hoddles Zimmer zerschlug, erscheint diese Entscheidung vernünftig. Gascoigne ist der bis jetzt letzte englische Spielmacher, der sich aus der Nationalmannschaft soff, leider ausgerechnet dann, als diese ihn dringend gebraucht hätte.

Bei der EM 2004 wird das englische Team von Sven-Goran Eriksson gecoacht, der den kontinentaleuropäischen Fußball predigt und den langen Pass liebt. Und ihm steht der vermutlich beste Passspieler der englischen Fußballgeschichte zur Verfügung. Doch David Beckham ist kein Spielmacher, keine Nummer Zehn. Er spielt auf dem rechten Flügel, nicht in der Mitte. Er läuft das ganze Spiel über, wie es sich für einen früheren Querfeldeinmeister der Essex Schools geziemt. Er geht an den Mann. Er behält den Ball nie sehr lange, bevor er einen Pass schlägt. Er ist nicht aufmüpfig, auf ihn kann man sich verlassen. Fast könnte man David Beckham einen guten Soldaten nennen.

Simon Kuper ist Kolumnist der Financial Times, *London, und Buchautor*

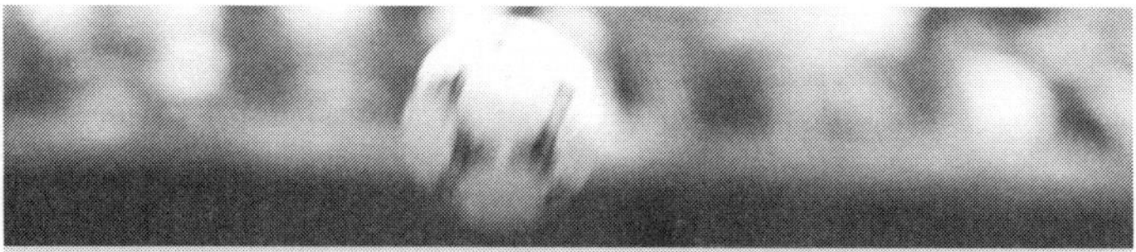

Matthäus
Der Wandel
der 10

»Lothar verstand etwas vom Fußball. Er konnte die 10 spielen, er gab einen guten Manndecker ab und endete schließlich als Libero. Lothar ist und bleibt der beste Gegner, den ich in meiner ganzen Karriere je hatte.«

Diego Armando Maradona

»Wenn man einen Picasso im Haus hat, verkauft man den nicht.«

Ernesto Pellegrini, Präsident von Inter Mailand, als 1991 Real Madrid um Matthäus buhlte

Er war der erste moderne Zehner der Geschichte und er trug noch die 10, als er längst ein Auslaufmodell war, der letzte Libero. Er war kein Stilist, aber er hatte einen Stil: die Eleganz der überwältigenden Kraft, die Anmut eines Hochleistungsmotors. Er ist kein Zehner der Romantik, wohl aber ein Zehner des High-Tech-Zeitalters, ein Sinnbild für Powerfußball, der in seinen besten Momenten mitreißend sein kann wie kein Fußball der Geschichte. Die Rede ist von Lothar Matthäus. Und daraus wird sofort eine Debatte: Gehört der überhaupt in eine Reihe mit Pelé, Platini, Netzer und Overath ? Wie kommen wir dazu, ausgerechnet ihn, das plappernde Kraftpaket, in einem Atemzug mit diesen Künstlern zu nennen ? Es gibt keine Antwort, die Traditionalisten und Puristen befriedigen würde. Er ist der Athleten-Zehner.

Lothar Matthäus, 43 Jahre alt mittlerweile und tatsächlich nicht mehr aktiv, hat dagegen natürlich nichts einzuwenden. Er fühlt sich geschmeichelt, überhaupt mit Maradona oder Platini verglichen zu werden. Wir stehen mit ihm auf dem Trainingsplatz von Partizan Belgrad. Das Klubgelände ist erstklassig, im ersten Stock befindet sich ein Restaurant, wo Spieler, Betreuer und Matthäus zu Mittag essen, manchmal auch zu Abend. Matthäus hat die junge Mannschaft überraschend in die Champions League geführt, zum ersten Mal in der Vereinsgeschichte. Es ist sein erster großer Erfolg als Trainer. Im Team gibt es weder eine klassische 10 noch eine, die an Matthäus erinnern würde. Abends fährt er uns durch die Stadt. Er ist ein liebenswürdiger Gastgeber. Er weiß, warum das Gebäude, das wir gerade auf der rechten Seite sehen, im Bürgerkrieg

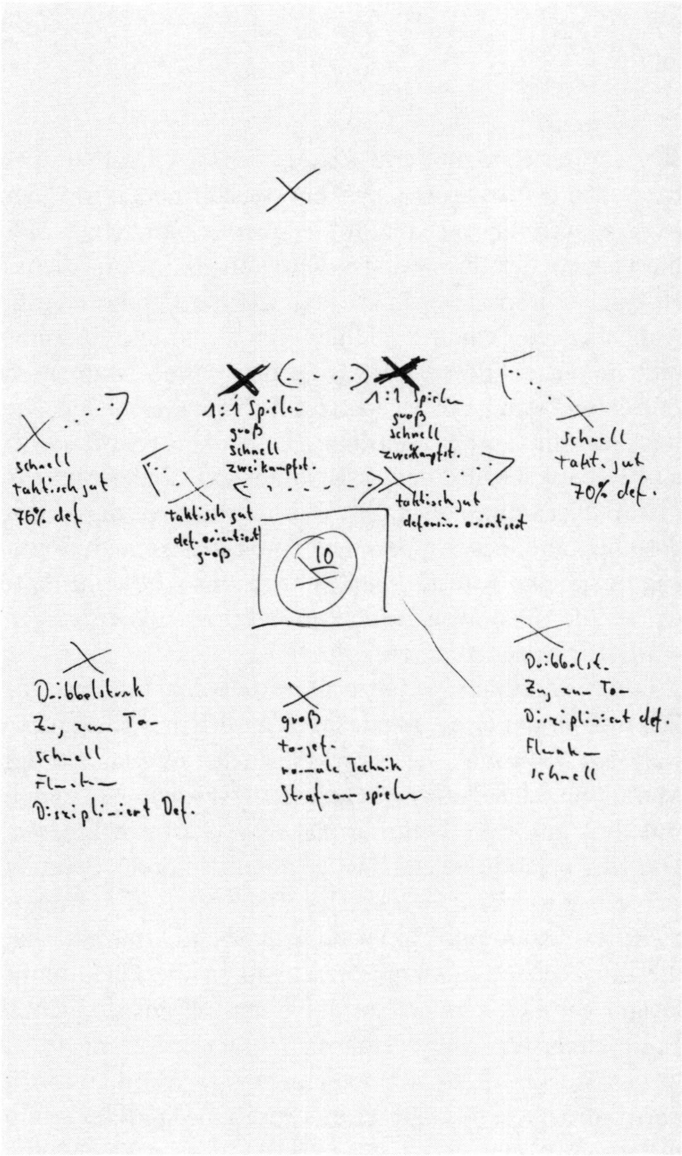

Matthäus: So spielt man heute mit einer 10

zerbombt wurde und warum der beige Palast daneben verschont blieb. Er fühlt sich wohl in Belgrad, er hat gerade geheiratet, es ist seine dritte Ehe. Wenige Wochen später wird er das Angebot annehmen, als Nationaltrainer von Ungarn zu arbeiten und zu seiner Frau nach Budapest ziehen. Und wir hoffen mit ihm, wenn er sagt, er wolle die Fehler aus der Vergangenheit nicht wiederholen. Er wirkt reumütig und wir werden den Eindruck nicht los: Lothar Matthäus möchte einfach nicht mehr Loddamaddäus sein. Er weiß, hätte er bloß öfter seine Klappe gehalten, wäre er heute DFB-Teamchef und nicht Rudi Völler. Matthäus war ein größerer Spieler als Völler, er hat 150 Länderspiele absolviert, die WM 1990 war seine WM, aber die Zuneigung der Fans und Medien flog dem instinktsicheren Ruuuuudi zu. Als wir im Restaurant sitzen, spüren wir, wie wichtig es Matthäus ist, dass wir ihn als Trainer ernst nehmen. Beim Aufmalen der Taktikzeichnungen ist er höchst konzentriert, er erinnert sich an alle Aufstellungen, weiß noch genau, wer welche Aufgaben hatte. Er könnte ein verdammt guter Trainer werden. Eine verdammt gute 10 war er auf jeden Fall.

Wie ich die 10 bekam

Von Lothar Matthäus

Als ich den FC Bayern 1988 in Richtung Italien verließ, trug ich die 8, auch in der Nationalmannschaft. Ich spielte zwar im zentralen Mittelfeld, aber an die 10 dachte ich überhaupt nicht. Ich war ein Antreiber, der mit Klaus Augenthaler hinten aus der Defensive das Spiel bestimmte. Giovanni Trapattoni war damals Trainer bei Inter Mailand, er warb heftigst um mich. Ich hatte aber andere Angebote, auch aus Italien, verhandelte mit dem AC Mailand und mit Neapel. Ja, mit Neapel. Das weiß bis heute kaum einer. Maradona wollte mich unbedingt an seiner Seite haben. Er schickte Emissäre nach München, der Auftrag von Diego lautete: Bringt mir Matthäus nach Neapel!

Wir trafen uns in einem italienischen Restaurant. Neapel bot mir sehr viel Geld, und zwar erst mal nur dafür, zu keinem anderen italienischen Verein zu wechseln außer zum SSC. Diego wollte seinen härtesten Gegner an seiner Seite. Wir sollten uns das Mittelfeld aufteilen, er vorne, ich dahinter. Es hat mich natürlich gereizt. Aber ich bin trotzdem nicht hin. Warum? Weil mich das Bargeld, das in einem ledernen Aktenkoffer unter dem Tisch stand, so irritiert hat. In dem Koffer war so viel Geld, das war unfassbar. Da war so viel drin, dafür hätte ich bei Bayern vier Jahre spielen müssen. Und das war nur das Handgeld. Die haben den Koffer vor mir aufgemacht, und ich habe die Bündel deutscher Scheine gesehen. Irgendwie lief das Ganze nicht so seriös ab. Zu Trapattoni hatte ich mehr Vertrauen. Er kam in mein damaliges Haus in Solln, überzeugte mich allein durch seine Art.

Vor der ersten Saison mit Inter gingen wir für drei Wochen ins Trainingslager an den Lago Maggiore. Nach ein paar Tagen kam Trap auf mich zu. Er sprach mit mir auf Englisch. Trap: Trikot, Nummer, welche Nummer? Ich: Eigentlich würde ich gerne mit der Nummer 8 spielen, die hatte ich auch bei Bayern. Sagt er: Geht nicht, die Nummer 8 ist schon an Nicola Berti vergeben. Ich: Welche dann? Trap: Du bekommst die 10. Ich sage, voll erschrocken: Trainer, das geht nicht. Ich bin kein Zehner. Ich bin kein Platini. Ich bin auch kein Maradona. Sagt er: Weiß ich, aber für mich bist du genauso wichtig. Deshalb trägst du bei mir die 10.

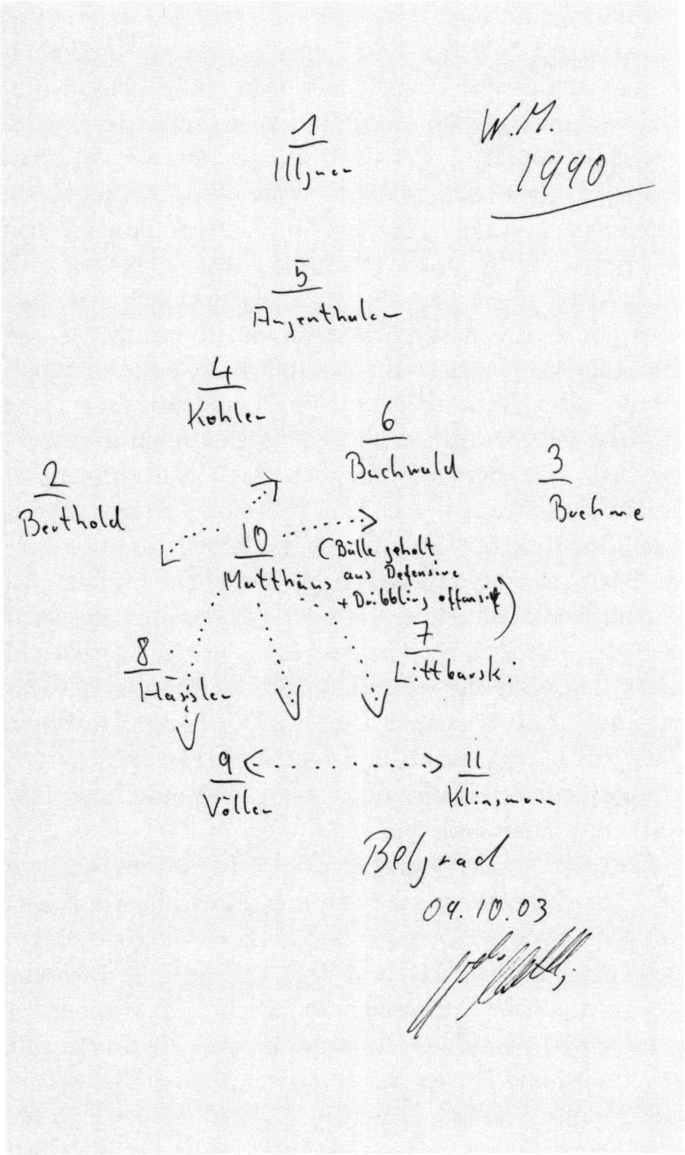

Matthäus: Weltmeisterschaft 1990

Trap nannte mich *trascinatore*, »Antreiber«. Das war ich ja auch, aber eben kein echter Zehner. Er sagte aber: Lothar, ich möchte damit auch nach außen demonstrieren, wie wertvoll du bist. Wer in Italien die 10 trägt, ist der wichtigste Mann im Team. Es war ein enormer Vertrauensbeweis. In Italien ist die 10 heilig. Für mich war diese Nummer ein Ritterschlag. Ich bin dadurch natürlich erst mal tierisch unter Druck gekommen. Am Anfang habe ich auch Kritik einstecken müssen. Die italienischen Medien mussten lernen, dass ich keine wahre 10 bin. Mitte und Ende der 80er Jahre spielten in Italien die besten Fußballer, echte Spielmacher wie Platini, Maradona, Zico. Nach ein paar Wochen haben die Journalisten mich nach dem beurteilt, was ich mache: nämlich das Spiel nach vorne zu peitschen. Ich war der Dynamo im Spiel meiner Mannschaft. Natürlich konnte ich die Bälle über 30, 40 Meter schlagen, aber bei mir sah das eben nicht so elegant aus; bei mir lief fast alles über die Kraft. Ich war nicht der Dirigent, der mit dem Stab in der Hand, war auch vielleicht nicht feinfühlig genug dafür. Das war Platini. Ich war Bumm Bumm Bumm. Platini war der Karajan auf dem Platz, der Klassik spielte, und ich machte Heavy Metal. Ich konnte diese Spielweise doch nicht bloß aufgrund einer Rückennummer ändern.

In der Nationalelf hatte bis 1990 Olaf Thon die 10. Franz kam vor der WM in Italien zu mir und sagte: Du spielst mit der 10, wie bei Inter. Ich war aber sehr defensiv eingestellt, eigentlich war ich ein Zehner, der die Rolle des Sechsers spielte, als Absicherung, wenn ich nach vorne ging, hatte ich den Guido Buchwald, der trug die 6. Vor mir waren Litti und Häßler. Ich war dynamisch in dieses Turnier gestartet, das 2:0 gegen Jugoslawien ist vielleicht die charakteristischste Szene überhaupt für mein Spiel: Ball abgefangen, sofort nach vorne marschiert, die anderen machten für mich die Räume frei, ich mit voller Kraft durchs Mittelfeld, nicht zu stoppen, und dann mit vollem Karacho den Ball ins Tor. Das war Lothar Matthäus 1990.

Nein, ich war nie ein richtiger Spielmacher, eine wahre Nummer 10. Eine 10 wie Netzer oder Overath konnte ich doch nie sein. Die typischen Zehner verschwanden zu meiner Zeit ja sowieso. Es fand gerade ein Wandel statt. Auch ein Ruud Gullit war kein echter Zehner, der war mehr Stürmer. Aber die 10 machte mich zum Weltstar. Deswegen habe ich sie auch später behalten, selbst, als ich Libero spielte.

Denn als Spieler habe ich ja vier Leben. Ich habe als 9 angefangen, als Mittelstürmer. So entdeckte mich auch Jupp Heynckes, der dachte, er habe einen Torjäger für seine Mannschaft gefunden. Ich kam mit 18 zu Gladbach. Heynckes hat mich dann aber nicht Stürmer spielen lassen, sondern er hat meine Aggressivität anders für die Mannschaft genutzt. Er stellte mich im defensiven Mittelfeld auf. Meine Aufgabe war das Zerstören, das Bekämpfen des gegnerischen Spielmachers. Das hat mich dann auch bekannt gemacht und in die Nationalmannschaft gebracht. Ich spielte gegen Grabowski, gegen Magath, gegen Hansi Müller. Gegen Breitner, der bei Bayern die 8 trug, und in meinem ersten internationalen Jahr spielte ich gegen Platini von St. Etienne. Der Höhepunkt als Sechser war für mich die Südamerikareise 1982. Innerhalb von wenigen Tagen spielte ich gegen Zico und Maradona, ich weiß sogar noch die Daten: Am 21. März gegen Zico im Maracana-Stadion und drei Tage später gegen Maradona. So begann meine Karriere: als der Mann, der die großen Spielmacher auszuschalten hatte. Gegen Brasilien gab's ein 0:1, gegen Argentinien erreichten wir ein 1:1.

In diesen zwei Partien spielte ich gegen die Götter im Fußball. Das erste Duell war gegen Zico. Es war mein

21. Geburtstag, 21. März, im Maracana-Stadion, es war meine Geburtstagsparty. Es war mein erstes Länderspiel und dann gleich gegen Zico. Ich ging aus der Kabine raus, wie in Trance, lief aufs Feld, stand auf dem Platz und erst als ich auf die Anzeigentafel blickte, wachte ich auf, sah die Zahl: 170 269, so viele Zuschauer waren drin.

Trainer Jupp Derwall hat mich nicht groß auf die beiden einstellen müssen. Ich war ja auf Zehner programmiert, wusste, was auf mich zukam: Nummer 10 wird gesucht, Nummer 10, hervorragender Techniker. Aber Zico war nicht der Schnellste. Er war ein sehr intelligenter Spieler, aber eben auch langsam. Meine Aufgabe lautete: Ihn nur ausschalten, für die Offensive blieb mir da keine Zeit. Das ist mir dann auch gelungen. Ähnlich wie gegen Maradona. Obwohl Maradona der schwerste Zehner war, gegen den man spielen konnte, weil er auf den ersten 15 Metern abgegangen ist wie 'ne Rakete, dazu trickreich war. Er war sehr dynamisch, so träge er manchmal auch aussah, wenn er den Ball nicht hatte, aber sobald er den Ball bekam, straffte sich sein Körper, und er ging ab. Er erkannte die Situation fast immer richtig. Er wusste sofort, was zu tun war: Gehe ich steil, spiele ich ab, dribble ich, wende ich mich von meinem Gegenspieler ab? Maradona bekam den Ball und blitzschnell folgten unglaubliche Aktionen, die aussahen, als habe er sie jahrelang einstudiert. Aber es war alles improvisiert. Er war einfach die richtige Nummer 10. Es gab andere, aber keiner war so wie er.

Maradona war jünger und dynamischer als Zico. Maradona hat den Ball immer gefordert. Zico war einfacher auszurechnen als Maradona. Zico war ruhiger, nahm sich mehr Pausen im Spiel. Gegen ihn habe ich allerdings nur einmal gespielt, Maradona kenne ich besser. Wir sind uns immer wieder begegnet. Mit den Nationalmannschaften oder mit unseren Vereinen, als ich bei Inter spielte und er bei Neapel. Dadurch hat sich zwischen uns etwas entwickelt, Freundschaft ist vielleicht ein zu großes Wort dafür, aber wir haben großen Respekt voreinander. Für mich ist er der größte Spieler der letzten 20 Jahre, und für ihn bin ich wahrscheinlich der beste Spieler – weil ich ihn ausschalten konnte mit fairen Mitteln. Er hat von mir nie auf die Socken bekommen. Weil ich vielleicht manchmal noch 'n Tick schneller war als er, manche Situationen besser eingeschätzt habe. Ich war auch ein Fan seiner Spielweise. Aber auf dem Platz war ich nur sein Gegner.

1984 wechselte ich zum FC Bayern und bekam auch gleich eine neue Rolle. Wir hatten damals beim FC Bayern keine richtige Nummer 10, es gab zwar das Trikot mit dieser Nummer, aber unser Spielmacher war der Sören Lerby, der kam mehr aus der Defensive und hatte die Nummer 6, ich spielte mit der 8, stellte die Balance zwischen Defensive und Offensive her.

Bei der WM 1986 war ich auch in der Nationalmannschaft schon mehr Antreiber als Zerstörer. Im Halbfinale gegen Frankreich ließ Franz Beckenbauer, unser Teamchef, Wolfgang Rolff gegen Platini spielen – wir gewannen. Im Finale gegen Argentinien und Maradona traute er diese Rolle Rolff nicht zu. Beckenbauer hatte zu große Furcht vor Maradona. Zu Platini hatte Rolff gepasst, weil der nicht so explosiv am Ball war, aber Rolff gegen Maradona war ein Risiko. Also ließ Franz mich gegen Maradona spielen, er opferte sozusagen seinen besten Mann im Mittelfeld für die Bewachung des gegnerischen Zehners. Dadurch schwächten wir unser Mittelfeld in der Offensive, Magath war alleine für die Aktionen nach vorne zuständig, er hätte mich gebraucht. Wir lagen 0:2 zurück, dann erst wurde umgestellt, wir kamen auf 2:2 ran. Na ja, und den Rest kennt ja jeder.

Bei der WM 1990 hat Franz sich daran erinnert. Im Finale stellte er Buchwald gegen Maradona, ich konnte mein Spiel machen. War ja auch richtig so, denn ich hatte vier Tore geschossen, war einer der dominierenden Spieler dieser WM. Ich werde die Tränen von Maradona nach unserem Titelgewinn im Olympia-Stadion von Rom nie vergessen. Er hat geheult wie ein Kind.

Es war mein Herzenswunsch, dass Maradona zu meinem Abschiedsspiel nach München kommt, im Mai 2000. Ich wollte ihn damit wieder zurückholen in die Fußball-Familie, er war ja weg, durch die ganzen Drogengeschichten und sein Abtauchen auf Kuba. Ich wollte ihm wieder einen Zugang verschaffen, weg von den ganzen Schulterklopfern um ihn herum, diesen falschen Freunden, leider ging das nicht mehr. Auch ich bin nicht mehr an ihn herangekommen. Er war bei meiner Gala nicht mehr so klar, wie ich ihn in Erinnerung hatte. Es war schwer, mit ihm zu sprechen. Schon bei seinem eigenen Abschiedsspiel hatte man gesehen, dass es nicht mehr so wie früher war mit ihm, da hat er gerade mal zwei Sätze mit mir gesprochen. Früher haben wir ganze Nächte durchgemacht. Ich erinnere mich daran, dass wir uns mal in Sevilla in der Hoteldisco die ganze Nacht auf Italienisch unterhalten haben. Ich habe es trotz allem genossen, dass er bei meiner Feier da war und mir sogar die Show gestohlen hat. Wenn einer dazugehörte an diesem Abend, dann er. Maradona bleibt für mich der Größte. In meinem Büro in München habe ich so 500 bis 600 Trikots gesammelt. Aber an der Wand hängt nur eine 10 – die von Maradona.

Der Feind der 10

Die 10 fürchtet vor allem eins auf der Welt: die 6 des Gegners. Den defensiven Mann im Mittelfeld, der die eigenen Linien zusammenhält und Ideen vereitelt, bevor sie der Zehner umsetzen kann. In Deutschland spielten auf dieser Position zunächst Abräumer, kraftvolle Männer wie der junge Lothar Matthäus oder Guido Buchwald. Staubsauger begann man sie zu nennen, als die Manndeckung aus der Mode kam. Eine 6 muss das Spiel auf eine Weise verstanden haben wie sonst nur der Abwehrchef und der Zehner, die anderen Figuren der zentralen Achse. Ihre lächerlich einfache Aufgabe besteht nämlich darin, die Gedanken des Gegners zu lesen.

Gerade die Geschichte der deutschen Nationalmannschaft ist von Duellen zwischen Zerstörern und Spielmachern geprägt: Beckenbauer (in dieser Rolle verschenkt) gegen Charlton '66; Vogts, der '74 Cruyff entmutigte; Rolff, der '86 Platini kaltstellte; Buchwald, der '90 Maradona beherrschte. Der Schwabe war ein Sechser des alten Schlags. »Die 6 war maßgeschneidert für mich«, sagt Buchwald. »Ich konnte mich in einen Gegner hineinbeißen. Man muss viel unterwegs sein, antizipieren, viel Unheil verhindern, bevor es überhaupt entstehen kann.«

Im WM-Finale 1990, erzählt Buchwald, »war meine Aufgabe ganz einfach die, dass der Diego nichts macht. Vorher war jedes Tor von ihm ausgegangen. Sobald er den Ball bekam, bin ich sofort drauf, habe versucht, ihm den Ball vielleicht sogar gleich wegzuspitzeln. Du durftest ihm keinen halben Meter Raum geben.« Buchwald gab ihm keinen halben Meter Raum. Und Maradona machte nichts. Deutschland gewann 1:0, verdient, aber wenig ansehnlich. Für Buchwald war es trotzdem »ein phantastisches Spiel. Bei Argentinien lief nach vorne fast nichts zusammen, darauf war ich stolz.« Beim EM-Sieg 1996 patrouillierte der unbeugsame Dieter Eilts, einer seiner Nachfolger, vor dem deutschen Strafraum. Aber der Bremer, der den Ball, wenn er ihn erobert hatte, immer möglichst schnell abgab, war schon damals ein Auslaufmodell. Nur kaschierte er dies sehr raffiniert durch seine Fähigkeit, die Bälle des Gegners anzuziehen.

Wie der ideale Sechser der Neuzeit spielen muss, hatte zwei Jahre zuvor bei der WM '94 bereits der Brasilianer Carlos Dunga (auch wenn der die 8 trug) gezeigt, ein Ordnungshüter mit Spielintelligenz, störrisch und mitunter übellaunig, als Führungsspieler jedoch unbestritten. Bei Frankreich machte sich auf dieser Position vier Jahre später Didier Deschamps breit, der 1998 Zidanes Schwäche ausglich: Die 10 Frankreichs redet zu wenig auf dem Platz. Bei der EM 2004 dürfte Patrick Vieira der Chef des französischen Mittelfelds sein; beim Titelverteidiger lehnt sich noch immer die 10 an die eigene 6.

In der deutschen Nationalelf interpretiert Jens Jeremies die 6 noch rustikal, auch Carsten Ramelow, der sich nach vorne wenig traut; Sebastian Kehl und Frank Baumann zeitgemäß, wenn sie dürfen. Vor allem Dietmar Hamann aber ist der Prototyp der neuen 6. Nicht von ungefähr war er eine der bestimmenden Figuren der deutschen WM-Kampagne 2002. An dem Bayern vorbeizukommen ist schwierig, seine langen Gräten sind überall. Und sobald er den Ball gewonnen hat, spielt er kluge, öffnende Pässe, bevorzugt direkt, nach Original Liverpooler Manier; manchmal tritt er gar auf den Ball wie ein Spielmacher und verschleppt das Tempo. Welch Ironie des Schicksals, dass ausgerechnet dieser sichere Spieler im WM-Finale von Yokohama vor dem 0:1 den Ball an Rivaldo verlor.

An Hamann lässt sich besonders gut nachzeichnen, wie im Mittelfeld die Positionen aufeinander zuwachsen, dass 10 und 6 einander ähnlicher werden. »Das stimmt«, sagt er, »die Tendenz ist da. Ich finde aber wichtig, dass es weiter unterschiedliche Spielertypen bleiben. Sonst will man zu oft an den gleichen Gegner ran oder hat die gleichen Laufwege.« Hamann strahlt im Privaten wie auf dem Platz Ruhe aus. Bei einem Turnier wie der WM wirkt er noch eine Stunde nach dem Spiel, als sei er in einem Tunnel der Konzentration gefangen. Auch wenn er die erforderliche Technik für Kapriolen am Ball besäße – er hätte nicht den Sinn dafür. »Wichtig ist, dass wir Erfolg haben«, sagt er. »Ich will zu null spielen, das ist meine Aufgabe. Die Schönspielerei interessiert mich nicht. Was hilft's denn, wenn man Kabinettstückchen zeigt und trotzdem verliert? Daran erinnert sich hinterher kein Mensch. Es kommt drauf an zu gewinnen, und dafür mache ich meinen Job, also das, was ich am besten kann: den Spielaufbau des Gegners stören.« Hamann holt sich aus einem kontrollierten 0:0 viel Bestätigung, und das unterscheidet ihn von den offensiv geprägten Mittelfeldspielern, die ticken wie eine 10 und leiden, wenn vorne alle Bemühungen versanden.

Wie man Zidane stoppen könne, wollen wir wissen. Hamann überlegt eine kleine Weile, dann lacht er. »Es gibt Spieler, die sind kaum zu stoppen, und Zidane ist der beste von ihnen. Das Schwierige ist: Ich darf ihm nicht zu viel Platz lassen, sonst macht er, was er will. Ich darf aber auch nicht zu eng drauf, dazu ist er zu geschickt, er löst sich mit einer schnellen Drehung und ist an mir vorbei. Man muss das bei jedem Angriff neu einschätzen. Ich entscheide das intuitiv.« Dann nennt er noch Rivaldo. DEN Rivaldo. »Der ist nicht ganz so gewandt, hat aber einen fürchterlichen Schuss«, erzählt er. Und sagt zum Abschied: »Den darf man erst gar nicht schießen lassen.«

Was der 6 sonst bleibt, ist der Spott. Zu Ruhm und Ehre gelangt sie selten. Guido Buchwald machte sich für die deutschen Fans nicht unsterblich, weil er Maradona ausschaltete – sondern weil er zuvor im Achtelfinale gegen Holland mit einem Übersteiger die Flanke vorbereitete, die Klinsmann zum 1:0 nutzte. Seit jenem Trick heißt Guido im Volksmund Diego. Ausgerechnet Buchwald also, der immer ein wenig ungeschlacht wirkte, bewies, dass auch Recken Fußball spielen können. Oder auch: Dass in einer 6 eine 10 stecken kann.

Zehner, die wir nie vergessen

Enzo Francescoli: Die Uruguayer tragen die Sonne in ihrer Fahne und gewiss auch in ihren Herzen, aber auf dem Platz haben sie seit 54 Jahren nicht viel mehr zu bieten als hemmungslose Treterei. Wenn dann aber einer kommt, der die *celesti*, die »Himmelblauen«, erlösen könnte aus ihrem schrecklichen Schicksal, ist er sofort der Eine, der Messias. Sein Name war in den 80ern Enzo Francescoli. Das Engelsgesicht hatte die 10, das versteht sich, und noch heute, Jahre nach seinem Karriereende, tragen die Fans sein Trikot, als könne er wiederkehren. Doch selbst der beste Zehner verglüht, wenn seine Mitstreiter sein Spiel nicht verstehen. Bei der WM '86 verlor er sich im Gewüte seines Teams. Für Zidane ist Francescoli dennoch der Größte.

Buffy Ettmayer: Eine Art Ente Lippens der Alpen. Österreichischer Spaßvogel. Konnte Bälle mit seinem breiten Hintern genauer stoppen als andere mit dem Fuß und schoss auch mal einen Freistoß aus 50 Metern direkt aufs Tor (der Ball ging zehn Meter vorbei und fünf Meter drüber). Sagte hinterher: »Ich dachte, ich probier's einfach mal.« Große Klappe, großes Herz. Unser Liebling.

Carlos Valderrama: Wie Uwe Bein auf Magic Mushrooms. Kolumbiens Zehner der Extraklasse bewegte sich in seinen späten Jahren nicht mehr freiwillig aus dem Mittelkreis. Hatte bei der WM '90 und '94 trotzdem die meisten Ballkontakte seines Teams und schlug unfassbar zerstörerische Pässe, die seine überforderten Landsleute selten verwerteten. Mit seiner Frisur, die einem explodierten Bovisten glich, sah er aus wie der uneheliche Sohn von Don King, was ihm auf dem Platz viel Charme bescherte. Hatte seine Sternstunde 1993 beim 5:0 seiner Kolumbianer über Argentinien – in Argentinien.

Georghe Hagi: Freistoßender Wunderschütze, der sich beim FC Barcelona verdingte. Mit ihm war Rumänien Weltklasse: WM-Vierter 1994. Man nannte ihn »Maradona der Karpaten«. War aber nicht so flott. Allerdings auch ein Linksfuß.

Krassimir Balakov: Magaths größter Verdienst beim VfB Stuttgart: den Bulgaren zu seiner besten Saison und dann zum Abschied überredet zu haben. Ballverliebter Linksfuß, in seiner Nationalelf nur ein kongenialer Vasall des Wüterichs Stoitchkov. Hat den beim VfB gerne nachgeahmt.

Andreas Herzog: Ein Schuss wie ein Strich; für einen Österreicher der Neuzeit ein famoser, geradliniger Zehner. In der Tradition des Isländers Asgeir Sigurvinsson. Schlug nicht zurück, als ihn Olli Kahn nach Strich und Faden durchrüttelte.

Ciriaco Sforza: Schweizer Stinkstiefel. Begabt, aber unerträglich. Wird seit Jahren zwischen Bayern München und Kaiserslautern hin- und hergeschoben, und keiner will ihn so recht haben.

Michael Laudrup: Wunderbarer Dribbelästhet, der mit seinen Dänen bei großen Turnieren regelmäßig südländisch inspirierten Zauberfußball spielte. Platini sagte, Laudrup erinnere an Cruyff, so schnell könne er beschleunigen.

Glenn Hoddle: Ach, die Engländer.

Arif Sergem: Türkisches Auslaufmodell. Sieht aus wie Wolfram Wuttke, spielt auch so, nur besser. Wettet gerne auf den Sieg seiner Mannschaft und pflegt dann selbst zu treffen.

Allesandro Del Piero: Je älter er wird, desto besser gefällt er uns. Bekommt langsam einen baggiohaften Blick, der ihm gut bekommt; ausgerechnet er, der den Meister bei Juventus Turin verdrängte. Hat bei einem Turnier noch nie die Erwartungen erfüllt – die EM 2004 ist seine letzte Chance. Die 10 der Italiener aber wird jener Mann bekommen:

Francesco Totti: Schneller, wendiger Faststürmer mit Sinn fürs ganze Spiel. Gilt abseits des Rasens als begriffsstutzig, ist daher in Italien Ziel vieler Scherze. Konterte mit der Herausgabe eines eigenen Witzbuches – über Totti. Sehr originell also. Größeres Selbstbewusstsein als Del Piero und Baggio. Torhüter, Obacht: schlenzt Elfmeter so frech wie Panenka.

Johan Micoud: Eleganter Spielmacher in Diensten von Werder Bremen. Wäre er Deutscher, hätten wir wieder eine echte 10. Als Franzose reicht es nicht mal zum Nationalteam.

Ruud Gullit: Körperlich sehr stabil, durch seine Wucht (und seine Rastalocken) enorme Präsenz. Modellathlet, der bei der EM 1988 Holland zum ersten Titel führte. Mehr Stürmer als Dirigent. Sohn eines Lehrers aus Surinam. Perfektionierte beim AC Milan unter Trainer Arrigo Sacchi, an der Seite seiner Landsleute Rijkaard und van Basten, das Pressing, das Ernst Happel Jahre zuvor beim HSV eingeführt hatte.

Dennis Bergkamp: Leiser Holländer. Einer der feinsten Fußballer der Welt. Schoss bei der WM 1998 ein Zaubertor gegen Argentinien, nach 50-Meter-Pass von Frank de Boer. Leidet unter extremer Flugangst. Scheiterte bei Inter Mailand, glänzt bei Arsenal London.

Rivaldo: Prominentester aller Teilzeithelden, jener Schönwettermagier, die sich verdrücken, sobald Gewitterwolken aufziehen. Diva. Mimose ohne Aura. Fasste sich bei der WM 2002 im ersten Match seines Teams gegen die Türken ans Gesicht, nachdem ihm ein Gegenspieler den Ball gegen den Oberschenkel geschossen hatte, und fiel wie vom Blitz getroffen zu Boden, provozierte so eine rote Karte. Rivaldo mag im Endspiel den rätselhaftesten Schuss der Weltgeschichte abgegeben haben (fragen Sie Oliver Kahn, wenn Sie sich trauen), aber er hat der 10 Schande gemacht. Bei Milan aussortiert, ist zurück in Brasilien.

Rai: Der Bruder des weisen Socrates, der von den brasilianischen Fans ausgepfiffen wurde, weil er mit seinem uninspirierten Spiel angeblich Pelés Nummer in den Schmutz zog. Ließ sich bei Paris St. Germain in den Vertrag schreiben, dass er die 10 bekommt. Hut ab.

Marco Etcheverry: 1994 chancenlos mit Bolivien, weil in den USA nicht auf der Höhe von La Paz gespielt wurde. Als Supermann gehandelt, kam er gegen Deutschland aufs Feld und flog 60 Sekunden später vom Platz. Soll aber eine Granate gewesen sein.

Ortega, Aimar, Riquelme: Argentinische Wunderknaben, die alle spielen können wie die Wutz. Aber sie werden immer an Maradona gemessen, und das ist ein furchtbares Los.

Andrés D'Allesandro: Maradona sagt: »Ich bin sein Fan Nummer eins. Der ist mein Nachfolger.« Man fragt sich nur – was macht so einer beim VfL Wolfsburg?

Luis Figo: Trägt bei Real Madrid die 10, für Portugal aber die 7 – und das passt zu seinem Spiel viel besser. Drängt meist von außen in die Mitte, am Ball überragend, doch ohne Führungskraft. Kann sehr melancholisch gucken, aber das können ja die meisten Portugiesen.

Rui Costa: Portugals 10, sehr elegant. Ein Spielmacher der alten Schule, bereitet viel vor, treibt an, überall zu finden. Doch bei Milan verblasst sein Ruf, der junge Brasilianer Kaka beginnt ihn zu überstrahlen. Will bei der EM im eigenen Land im Duett mit Figo endlich einen Titel gewinnen, den beiden Charakterköpfen der Goldenen Generation Portugals läuft die Zeit davon.

Mario Kempes: Durfte die 10 tragen, war aber keine 10. Trieb die argentinische Elf 1978 durch den Konfettisturm von Buenos Aires zum WM-Titel.

Gianni Rivera: Wurde in Italien *The Golden Boy* genannt. Verkörperte die Hoffnung der Fußballliebhaber, weil er mit dem AC Milan den Catenaccio des Lokalrivalen Inter sprengte. Sah aus wie ein Beatle. Schoss für die *azzurri* das 4:3 gegen Deutschland im WM-Halbfinale 1970, worüber manche Menschen noch heute jubeln, andere noch immer verzweifelt sind.

Tomas Rosicky: Spitzbübischer Bantamgewichtler von Borussia Dortmund. Begnadetes Gefühl in beiden Füßen, Außenrist-Fan. Denkt und spielt rasant. Ein Papierner wie einst Sindelar. Spieler wie er beweisen, dass die 10 niemals aussterben wird. Geht mit Tschechien als Favorit in die EM. Aber der Chef dieser Mannschaft ist Pavel Nedved von Juventus Turin.

Baggio
Das Ende
der alten 10

»Wenn man Baggio spielen sieht, fühlt man sich wieder wie ein Kind. Baggio ist das Unmögliche, das wirklich wird; Schnee, der aus einer Himmelspforte herabrieselt.«

Lucio Dalla, italienischer Liedermacher

»Die Zehner können für einen Trainer ein Segen, aber auch ein Fluch sein. Sie sind in der Lage, einer Mannschaft Esprit einzuhauchen, aber sie können einem Team die kollektive Stärke rauben.«

Fabio Capello, heute Trainer des AS Rom

»Baggio ist wie Raphael, alle anderen sind im Vergleich dazu nur Anstreicher.«

Gianni Agnelli

Es ist mal wieder Winter, der zweiundzwanzigste seiner Profi-Karriere. Die Plätze werden von Tag zu Tag härter und Roberto Baggios Missmut wächst. Ein gefrorener Untergrund ist ein Fluch für seine Gelenke. Er hat Probleme mit seinen Knien, seitdem er denken kann. Das rechte wurde schon mehrfach operiert. Es reicht langsam. Eigentlich. Baggio ist mittlerweile 37 Jahre alt, sein Haar ist grau. Er hat in seinem Leben genug Geld verdient, an seiner Stelle hätten viele andere längst aufgegeben. Er aber spielt weiter, praktisch nur mit einem Bein, mit dem linken, das rechte bezeichnet er als »meinen schlimmsten Feind«.

Brescia schwimmt im Nebel an diesem Tag, auf dem Trainingsplatz sieht man Baggio nur schemenhaft. Nach jedem Abspiel streckt er das rechte Knie, weil es sonst steif würde. Am Wochenende kickt er in einer vom Abstieg aus der *Serie A* bedrohten Mannschaft, manchmal sieht er da einfach nur aus wie ein alter Mann. Die Fans des Klubs brüllen rechtsradikale Parolen, und seine Kollegen stolpern umher. Doch wenn der Ball zu ihm gelangt, erheben sich die Zuschauer von ihren Sitzen. Er ist langsam geworden, aber er kann noch immer jeden Abwehrspieler der Welt austanzen, und seine Schüsse fahren bogengleich aus dem Himmel. Diese Seelenblitze allerdings werden seltener. Es ist seine letzte Saison, heißt es. Vielleicht wird er sie gar nicht zu Ende spielen. Oft schleppt er sich über den Rasen wie ein Verwundeter. Die *Gazzetta dello Sport*, die mächtigste unter den Sport-Tageszeitungen in Italien, geht mit ihm dennoch milde um. Nach einem grausamen 1:2 gegen Udine – Baggio war exakt vier Mal am Ball –, schreibt der Reporter: »Baggio bleibt für uns Baggio.«

Es klingt wie ein Nachruf. Ein Nachruf auf einen Spieler, der aussieht wie Mozart, launenhaft ist wie Dalí und sich selbst als Künstler versteht, den sie in Italien geliebt und geschlagen haben. Auf einen, der sich fast die gesamte Karriere lang missverstanden fühlte. Der die Zuneigung der Anhänger und selbst der Medien hatte, aber nicht die der Trainer.

Baggio bewundert Leonardo da Vinci; er nennt das Universalgenie einen *fantasista*, einen, der die Vorstellungsgabe und die Kraft besitzt, aus Ideen Taten zu weben. In Italien kann es der Fußball in Sachen Großartigkeit und Genuss durchaus mit traditionellen Kunstgattungen aufnehmen; Fans lieben es, Stars wie Baggio auf eine Stufe mit da Vinci oder Raphael zu stellen und verehren sie ... genau, als *fantasista*, ein Begriff, der zum Fußball-Jargon gehört und den stürmischen Spielmacher oder spielenden Stürmer bezeichnet. In Ergänzung zum *toro*, dem »Stier«, der wie Christian Vieri die Rolle des Rammbocks übernimmt, pendelt er zwischen Mittelfeld und Angriff, die Grenzen seines Spiels verlaufen fließend, er ordnet sich keiner Taktik unter, weil er unberechenbar bleiben muss, sonst verliert sich seine Kunst.

Die *tifosi* sind bereit, Stunden der Glücklosigkeit und Lauffaulheit zu verzeihen, wenn das Genie nur dann und wann aufscheint. Ein kurzer Sprint zur rechten Zeit, ein Pass, der die Stille zerreißt, ein Schuss mit Überlegung statt mit Gewalt. Und die Intuition, an dem Ort zu sein, wo das Entscheidende passieren wird. Das alles ist Roberto Baggio. Die Zuschauer im Stadion wollen ihn immer noch, weil sie ihn genießen.

Nicht die Strategen tragen hier heutzutage die 10, sondern Baggio und seine Nachfolger Allessandro Del Piero und Francesco Totti. Weil es die Trainer schon seit Jahrzehnten kaum wagen, sich einen divenhaften Dirigenten im Mittelfeld zu leisten, haben sie diese Position einfach nach vorne geschoben, wo er sich eben als *fantasista* aus dem High-Speed-Beharke des Mittelfelds so gut es geht heraushalten kann. Der Zehner, den Gianni Rivera in den 60er Jahren gab, der eher an Overaths Spiel angelegt war, existiert im italienischen Fußball nicht mehr. Schon lange nicht mehr. Baggio wäre gerne eine alte 10 geworden. Aber er musste die erste neue 10 sein. Die italienische 10, um genau zu sein: die 9,5. Den Ausdruck hat Michel Platini kreiert, als er den Stil des Weltfußballers von 1993 beschreiben sollte. Er vereine kreative Kraft mit Torinstinkt, er lasse sich in kein Klischee pressen.

Baggio ist heute der bekannteste italienische Fußballer der Welt. Die Anhänger des Schönen Spiels sehen ihn in der ewigen Bestenliste sogar direkt hinter Pelé und Maradona, wie eine von der FIFA im Jahre 2000 organisierte Umfrage ergab. Als Maradona im vergangenen Herbst an der Strandpromenade von Monte Carlo die *walk of fame* für die besten Fußballer eröffnete, wurde er gefragt, welchem Spieler er denn heute am liebsten zuschaue. Maradona trug an diesem Tag lächerlich bunte Shorts, als sei er gerade aus dem Hotelbett entstiegen, er war unrasiert und mit zwei Stunden Verspätung zur Feier erschienen, er wirkte ziemlich träge, aber er antwortete blitzschnell. »Zidane lässt mich verstehen, was dieses Spiel ausmacht. Aber noch mehr freue ich mich auf Baggio, immer noch«, sagte er in seinem typischen italo-hispanischen Singsang. »Egal, wie alt Baggio ist, egal, wo er spielt, er ist einzigartig, ich bin seinem Spiel verfallen. Er ist *der fantasista.*« Und wie wird man zum *fantasista*? Maradona zuckte mit den Achseln, lächelte dieses unschuldige breite Diego-Lächeln, wie nach seinem Hand-Tor gegen die Engländer, und schaute nach oben: »Durch Gott, *amigo*!«

Der gebeutelte Argentinier glaubt nach wie vor an den himmlischen Beistand. Baggio dagegen trat nach drei schweren Verletzungen 1988 zum Buddhismus über. Seine Mutter beauftragte eine Teufelsaustreiberin – vergebens. Er ließ sich einen Zopf flechten, der zu seinem Markenzeichen wurde. *Il divino codino*, das »göttliche Pferde-Schwänzchen«, wie ihn seine Landsleute nennen, betet jeden Tag zwei Stunden nach den Lehren seiner neuen Religion und pilgert jedes Jahr zu seinem buddhistischen Lehrmeister Daisaku Ikeda nach Japan. Ikeda durfte auch das Vorwort zu seiner Autobiographie *Una porta nel cielo* (Ein Tor zum Himmel) verfassen und glaubt zu wissen, wie aus einem Spieler ein *fantasista* wird: »Genie ist das Synonym für Herausforderung. Der Zweikampf mit sich selbst. Gegen sich selbst«, schreibt Ikeda. »Nur, wer Leidenschaft in sich spürt, kann diesen Zweikampf annehmen. Leidenschaft überwindet jede Hürde.«

Mag sein, dass das pathetisch klingt. Sicher ist nur, dass kaum ein Fußballer in den vergangenen Jahren so gelitten hat wie Baggio. »Dies ist mein Leben«, sagt Baggio, als wir an einem dieser grauen Novembertage von Brescia mit ihm telefonieren. Dann macht er erst mal eine lange Pause, man hört ihn beinahe denken. »Meine Arbeit besteht aus Schweiß und Tränen. Und Glücksmomenten.« Er sagt wieder nichts und schiebt irgendwann hinterher: »Einigen.« Es klingt erschreckend resigniert.

Florenz, Juventus Turin, AC Milan, AC Bologna oder Inter Mailand – die Geschichte des Roberto Baggio wiederholte sich von Verein zu Verein. Er stand im Mittelpunkt einer Debatte, die den Wandel im Fußball erkennen lässt, vor allem in Italien. Der *fantasista* spielt immer mehr eine störende Rolle, wenn er nicht bereit ist, sich unterzuordnen. Das Theater um Baggio lief stets nach derselben Dramaturgie ab: Zunächst begeisterte er Fans und

Journalisten, schoss Tore, glänzte als Vorbereiter, bewies, dass er, der Ausgemusterte, ein Mann fürs Comeback ist. Doch bald grummelte der Trainer, am Anfang leise, mit jeder Pleite lauter. Irgendwann meuterte Baggio. Und immer musste er den Klub verlassen. Er hat keinen einzigen Machtkampf gewonnen.

Zwei Arten von Trainern gibt es in Italien: Die, die sich als Lehrmeister aufführen und ihrem System zuliebe alles opfern, selbst einen Spieler, für den der Fußball erfunden sein könnte. Nationaltrainer Arrigo Sacchi, der Oberguru unter den Ordnungshütern, sortierte ihn nach der WM 1994 aus. Fabio Capello sagte zu Baggio, als er beim AC Milan war: »Für dich habe ich keinen Platz.« Die andere Sorte Trainer? Stirbt aus. Es sind die graumelierten Vertreter der Branche, die wissen, was ihnen die 10 geben kann.

Baggio will geliebt werden, sonst spielt er wie sein eigener Schatten, und er war gewohnt, von den Fans geliebt zu werden. Als er vor der WM 1990 vom AC Florenz zu Juve wechselte, protestierten sie tagelang auf den Straßen, lieferten sich Gefechte mit der Polizei. Doch Mitte der 90er Jahre wurde der einst umschwärmteste Spieler Italiens auf dem *calcio mercato*, dem hektischsten Transfermarkt der Welt, nur noch wie ein Restposten verramscht. Die Verfechter des Kollektivfußballs winkten von weitem ab: »Nur ein Liebhaber kann ihn kaufen.«

Zwei Bücher hat Baggio schreiben lassen, jede Seite klingt nach Rechtfertigung; Schuld hatten immer die anderen. Natürlich ist er ein Egozentriker. Aber er ist noch mehr. Ein fanatischer Familienmensch; mit seiner Frau Andreina ist er seit 22 Jahren zusammen, seit er die Nachbarstochter zum ersten Mal von seinem Roller aus sah. Die Namen der Kinder Matteo und Valentina läßt er auf seine Fußballschuhe gravieren. Mit Brüdern, Schwagern,

Freunden und seinem Vater fliegt er oft nach Argentinien, auf seine Farm.

Dieser Mann galt vor der WM 1994 als weltbester Spieler. Doch während der Vorrunde sank er in der Gunst der Fans; drei von vier Italienern forderten in Umfragen, dass Baggio endlich auf die Ersatzbank solle. Sein Trainer Arrigo Sacchi wechselte ihn gegen Norwegen tatsächlich aus – die größte Demütigung, die man Baggio antun kann. Doch dann erschuf der bezopfte Zauderer mit seinen Treffern im Achtelfinale gegen Nigeria und danach gegen Spanien und Bulgarien eine Art Fußballwunder. Fünf Tore schoss er insgesamt, zwei allein im Halbfinale, als die Menschen den wohl besten Baggio aller Zeiten sahen. Ein Leben lang hatte er auf diesen Moment gewartet. Am Ende wartete das Finale. »Allein meine Klasse hätte uns auf das Dach der Welt schießen können. Ich sah den Himmel von ganz nah für eine Sekunde, dann stürzte ich ab«, sagt er mit seiner leisen Stimme, die manchmal ins Fisteln gerät. Fast zehn Jahre danach spricht er noch immer nicht kühl über seinen Elfmeter. Den Elfmeter, der alles entschied. Über seinen Schuss in die Wolken von Kalifornien.

»Mein Trauma heißt Pasadena«, sagt Baggio, der alte Mann. »Diesen Elfmeter habe ich seitdem noch tausendmal getreten. Im Traum. Im Flur meines Hauses, selbst, während ich Fernsehen schaute, schoss ich diesen verdammten Elfer noch mal.« Und immer trifft er, nur damals traf er nicht, dieses eine Mal.

Er wollte es vergessen. Bis er begriff, dass das nicht geht. Und er auch so seinen Frieden finden kann. Er erzählt die Geschichte von der Versöhnung mit Sacchi, dem Trainer jener WM-Elf. Sie trafen sich vor drei Jahren in Como, um einen Werbespot zu drehen. Während der Pausen redeten sie miteinander, jeder auf einem Ball sitzend. Sacchi versuchte zu erklären, Baggio versuchte zu verstehen.

Im Spot tritt Baggio noch einmal zum Elfmeter an, im Stadion von Pasadena gegen Brasiliens Taffarel. Der Ball fährt ins Netz. Baggio und Sacchi stürmen aufeinander zu und fallen sich in die Arme, die 10 und ihr Trainer, der mit dem *fantasista* niemals etwas anfangen konnte.

Was Trainer heute von der 10 erwarten

»Rangnick sagte zu mir, du läufst zu wenig. Magath sagte zu mir, du läufst zu viel.«

Krassimir Balakov, ehem. Spielmacher des VfB Stuttgart

Mannschafftalles!

Von Ralf Rangnick

Man kann die Entwicklung der 10 nicht von der Entwicklung des Spiels trennen! Die überragenden Techniker spielen heute hinter den Spitzen, in größter Raum- und Zeitnot. Die 10 der Zukunft trotzt diesem höchsten Druck; sie kann Spiele selbst entscheiden, ist aber auch bereit, bei gegnerischem Ballbesitz gleichwertig mitzuarbeiten. In der Bundesliga sind Micoud, Marcelinho oder Rosicky solche Zehner, international natürlich vor allem Zidane.

Das moderne Spiel ist gekennzeichnet durch Raum- und Zeitdruck. Das bespielte Feld (also das Spielfeld, das wirklich beackert wird) ist heute nur noch circa 35 Meter lang und 40 Meter breit. Es gibt im Gegensatz zu früher (vgl. die Weltmeisterschaften '54 bis '74) keine separate Mittelfeldzone mehr, in der ein reiner Mittelfeldstratege, unterstützt durch seine Vasallen, sein Spiel macht. Dass in Deutschland trotzdem noch oft nach einem Chef – einem Spielmacher – gerufen wird, der das Spiel alleine bestimmt, zeigt nur, wie sehr bei uns in alten Mustern gedacht wird. Eine Mannschaft muss sich heutzutage den Spielaufbau teilen.

Dies hat zur Folge, dass Mittelfeldspieler als reine Spezialisten (Zerstörer, Passgeber, Wasserträger, Spielmacher, Kettenhunde ...) nicht mehr gefragt sind. Es wird vielmehr Vielseitigkeit verlangt. Wenn überhaupt, dann kommt dem zentral defensiven Mittelfeldspieler (der Nummer 6) eine Spielmacherrolle zu, während die 10 mehr der Spielentscheider ist. Die Bedeutung des Sechsers wird auch durch seine unterschiedlichen, aber »exponierten« Be-

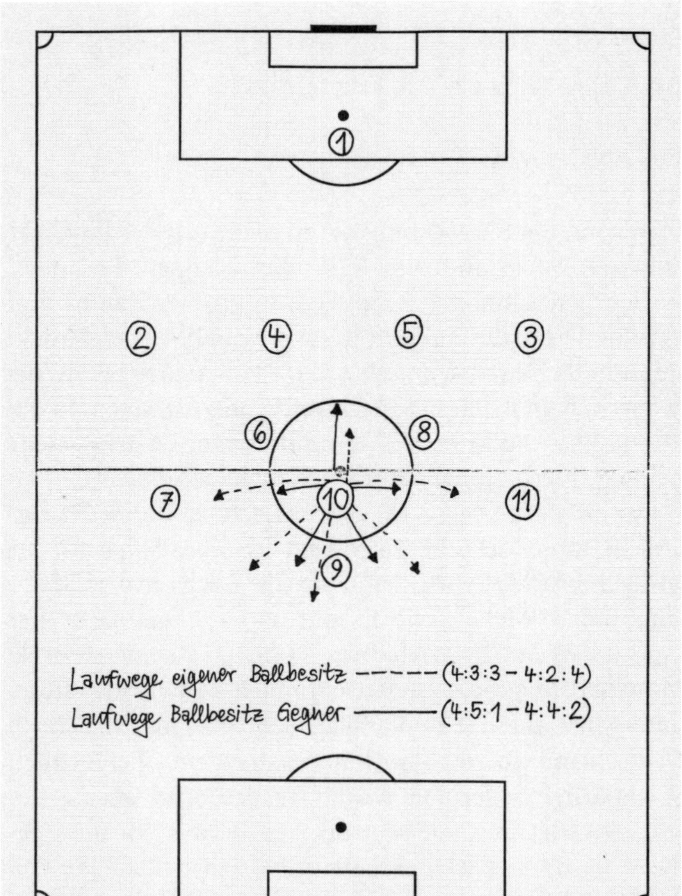

Ralf Rangnick, Hannover 96

zeichnungen als Vorlibero, Staubsauger, Quarterback etc. zum Ausdruck gebracht. Quarterback, also Spielmacher, dies war früher die einzige Funktion des Zehners!

Der moderne Zehner, der allein zentral hinter den Spitzen spielt oder zu zweit, über die Halbpositionen kommend, ist im modernen Fußball der offensivste Mittelfeldspieler und eher ein verkappter Stürmer, eine Tandemspitze hinter einem Mittelstürmer oder eine dritte oder gar vierte Spitze hinter zwei Centerspitzen. Er ist im Angriffs- und Abwehrverhalten voll in die gruppen- und mannschaftstaktische Systematik eingebunden. Die moderne 10 macht dabei voll mit und wird bei eigenem Ballbesitz mit zum entscheidenden Spieler, der Tore vorbereitet und selbst vollstreckt, begünstigt durch Kombinationsspiel und eine positive Ausgangsposition bei Balleroberung, indem er beim Abwehrverhalten nicht isoliert ist. Im Rahmen der Mannschaft schafft er es, sein Offensivpotential voll einzubringen, weniger mit dem Ziel, dem Spiel seinen persönlichen Stempel aufzudrücken, als vielmehr Spiele zu entscheiden. Die Grundlage dazu ist aber die gesamte Mannschaft, zu deren Funktionieren er in Abwehr und Angriff beiträgt, nach dem Motto – »Mannschafftalles« !

Ralf Rangnick, 45, trainiert den Bundesligisten Hannover 96

In Hierarchien denken

Von Felix Magath

Die Frage ist nicht, braucht der Fußball heute noch Spielmacher ? Die Frage muss lauten: Wie setze ich ihn ein ? Wenn ich jemanden habe, der im Ansatz die Eigenschaften einer 10 mitbringt, würde ich immer versuchen, ihn auf dieser Position im Team durchzudrücken. Ich glaube, dass klassische Regisseure auch im modernen Fußball noch ihre Rolle finden können. Sie müssen einfach nur

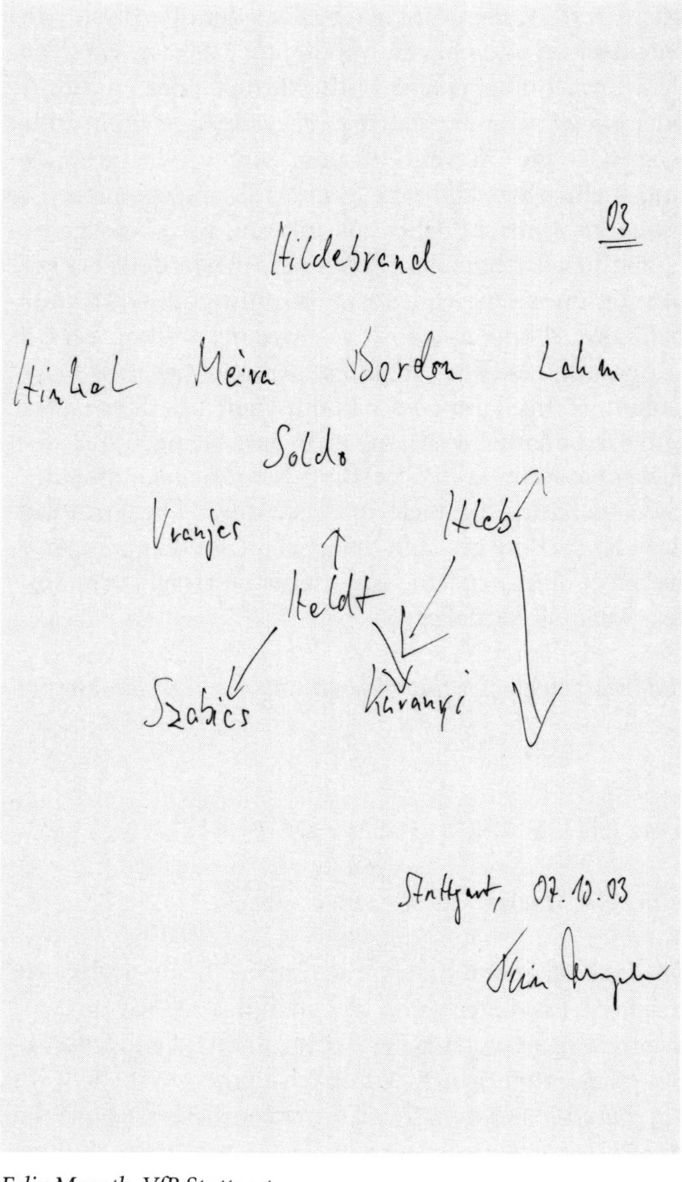

Felix Magath, VfB Stuttgart

körperlich stärker sein. Nur sollte man ihnen nach wie vor gewisse Freiheiten zugestehen, sonst leben sie nicht auf. Ein Ausnahmespieler kann auch Ausnahmeregelungen bekommen, weil er mit seiner Leistung den Unterschied ausmacht. Im Fußball muss man in Hierarchien denken und nicht: Der Star ist die Mannschaft. Gleichmacherei bringt eine Fußballtruppe nicht weiter. Fragen Sie Netzer oder Overath, fragen Sie Platini oder Maradona. Und ich kann aus meiner eigenen Erfahrung als Zehner des HSV berichten: Nur so geht's.

Deshalb verstehe ich zum Beispiel nicht, warum andere Trainer in Stuttgart mit Krassimir Balakov Probleme hatten. Er war ein vorbildlicher Profi und eine 10, wie sie sich jeder nur wünscht. Balakov hat mittlerweile seine Karriere beendet, seine Aufgaben habe ich nun auf zwei Spieler verteilt. Ich habe beim VfB sozusagen zwei Zehner: Horst Heldt und Alexander Hleb. Heldt ist der Ballverteiler, Hleb derjenige, der durch Einzelaktionen den Gegner durcheinander wirbelt. Heldt ist der Mann für den sicheren Pass. Hleb geht dagegen volles Risiko, verliert dadurch mehr Bälle. Heldt muss Hlebs Improvisationen ausgleichen, denn improvisieren heißt ja nichts anderes, als dass es gelingen kann oder total schief geht. Heldt sieht nicht spektakulär aus, wenn er den Ball führt, aber er ist wichtig. Er sorgt für Ruhe. Hleb hätte gerne das Trikot mit der 10, er sieht sich schon als alleiniger Spielmacher. Ich gebe sie ihm nicht, weil er noch nicht so weit ist. Er verliert zu viele Bälle, dadurch ist er nicht geeignet, das Spiel einer Mannschaft aufzubauen. Erst, wenn er das kann, bekommt er die 10. Die ist nach Balakovs Rücktritt nicht vergeben. Hleb braucht noch Zeit.

Ein Spielmacher setzt sich aus vielen Komponenten zusammen: Talent, Charakter, Ehrgeiz und Erfahrung. Deshalb gibt es wenige, die schon mit 20 Jahren so weit sind. Wenn mir als Zehner viele Fehler unterlaufen, mache ich nicht das Spiel meiner Mannschaft, sondern das des Gegners. Insofern glaube ich, dass man sich erst zu einer großen 10 entwickelt, erst mit der Zeit Sicherheit und Gefühl bekommt. Das war zumindest bei mir so, Balakov erzählt mir das auch so, wir beide haben eher halblinks angefangen, bevor wir ins Zentrum gerückt sind.

Auch Hleb bringt alles mit, was ein Zehner braucht, aber er muss das Wesen der 10 verinnerlichen. Er muss lernen, andere in das Spiel mit einzubeziehen, er lebt noch zu viel davon, dass er Solokünstler ist. Er spielt sich mit seinen Dribblings selbst in den Vordergrund. Da muss er sich zurücknehmen. Er sieht schon viel, aber er hat die Tendenz, sich lieber selbst in Szene zu setzen als den Mitspieler. Er hat noch kein Vergnügen daran, andere brillieren zu lassen. Und noch kein Vergnügen daran, Pläne zu entwerfen. Ich selbst habe das zuerst beim Schachspiel erfahren, dann auf dem Platz. Du stehst irgendwo im Mittelfeld, hast noch gar nicht den Ball, überblickst aber den ganzen Raum und die Spielsituation, denkst bereits die nächsten vier Züge vor und weißt, wenn sie gelingen, hat der Gegner überhaupt keine Chance, das Tor zu verhindern. Es ist die Kraft des Denkens. Ich hatte als Spielmacher meine hellste Freude, wenn ich einen Pass geschlagen habe, mit dem ich ganze Abwehrreihen auseinander gerissen habe, der genau getimt beim Kollegen ankam, der brauchte den Ball nur noch reinzuschieben. Diesen Spaß muss Hleb noch für sich entdecken. Dann bekommt er auch die 10.

Felix Magath, 50, trainiert den Bundesligisten VfB Stuttgart

Fritz Walter
Die Seele der Mannschaft

»Fritz Walter wirkte in seinem technisch-artistischen Stil geradezu ästhetisch. Ich glaube, man darf einen Vergleich wagen: Er war ein zweiter Sindelar.«

Hans Körfer, Publizist

»Fritz Walter zeigte, dass die wahre Leichtigkeit in der Kunst nur aus der wahrhaftigen Schwermut kommt.«

Benjamin Henrichs, Theaterkritiker

»Fritz Walters Ausstrahlung war, wie das seinem sensiblen Naturell entsprach, niemals herrschsüchtig. Auf der Tastatur einer außergewöhnlichen Begabung hat er sich niemals vergriffen, und seine wohl bedeutendste Fähigkeit war die, im Voraus zu erahnen, was sein Nebenspieler tun würde.«

Hans Blickensdörfer, Schriftsteller

»Alles klar?«
»Alles klar, Fritz!«

Wortwechsel zwischen Fritz Walter und seinen Kameraden, als er von der Siegerehrung der WM 1954 mit dem Jules-Rimet-Pokal in der Hand zurückkehrt. Die Mannschaft spielt nur noch einmal zusammen: bei einem Benefizspiel am 15. April 1969.

Er muss ein besonderer Mensch gewesen sein. Bis heute reden alle, die ihn kannten, mit einer Wärme von ihm, wie man es sonst nicht erlebt in dieser Branche. Selbst der unsentimentale Sepp Herberger sagte: »Fritz besitzt unsere Verehrung.« So sprach er über keinen anderen. Der Bundestrainer liebte es, »wie Fritz die große Deckenbeleuchtung angeschaltet hat«, wenn seine Finten und Pässe die gegnerische Abwehr zerrupften. Wenn es jemals klassische Zehner gegeben hat, Regisseure im besten Sinne, dann war Fritz Walter einer der ersten, der Begründer des deutschen Mythos um die Spielmacher. Warum trug er bei der WM 1954 die 16?

Nicht einmal Rudi Michel, der große alte Reporter, kennt die Antwort, Walters Jugendfreund und langjähriger Weggefährte. In Michels Haus, hoch über den Dächern von Baden-Baden, hängt ein Original des Speyerer Malers Hans Purrmann, der ein großer Walter-Verehrer war. Das Bild habe ihm der Fritz geschenkt, sagt Michel. Seine Augen schimmern, wenn er vom Freund erzählt, der 2002 im Alter von 81 Jahren starb.

Beim 1. FC Kaiserslautern trug Walter die 8, als halbrechter Stürmer im WM-System, in dem die Angreifer von rechts nach links von 7 bis 11 durchnummeriert wurden. Walter spielte jedoch in der Schweiz als halblinker Stürmer (Max Morlock als halbrechter); demnach hätte der Kaiserslauterner beim Wunder von Bern die 10 tragen müssen. Damals jedoch trug sie – Werner Liebrich, der kernige Stopper, nach heutigem Verständnis eine 4, ein Grätscher und Ballweghauer, der Mann, der beim 3:8 gegen die Ungarn den großen Ferenc Puskas zusammentrat, die 10 der Ungarn. Es war eine Zeit, in der man gewöhnlich die taktische Aufgabe an der Nummer ablesen konnte. Als die Zahlen noch keine Aura hatten. Es gab sie ja erst seit ein paar Jahren, noch beim ersten Länderspiel der Deutschen nach dem Krieg, 1950 gegen die Schweiz, war der Rücken weiß geblieben.

Warum also die 16 ? Herrgott, sagt Rudi Michel leise, er habe erst vor kurzem nochmals mit allen gesprochen, die es wissen könnten, mit dem Horst Eckel vorneweg, der ja damals dabei war, aber keiner kann es sich mehr erklären. Eine alphabetische Reihenfolge wäre die nahe liegendste Erklärung, doch auch die greift nicht, wenn man die Meldeliste des deutschen WM-Aufgebots durchgeht. Es spielte offenbar keine Rolle damals. Die Legende der 10 war noch nicht geboren.

Dabei hatte Fritz Walter alles, was ein Zehner braucht, das Gemüt des Künstlers; und als Mensch noch mehr. Aufs Spielfeld ging er langsam, er schien stets ein wenig sorgenvoll. Er hatte einen innersten Blick, der ihn oft entrückt aussehen ließ, als horche er in sich hinein, empfindlich für die Gefühlslagen des Tages. »Wenn er sich sicher fühlte: Was hat der dann gezaubert ! Wie leicht sah das alles aus ! Wie elegant hat der Fritz seine Gegenspieler ausgespielt und seine Nebenleute eingesetzt !« Das erzählt Rudi Michel mit lebendiger Begeisterung, und dabei sieht er jungenhaft aus, als könne er sich auf den Betzenberg seiner Kindertage versetzen, in die Zeit, als »'s klää Fritzje« aufspielte, ein Wunderknabe, der die Zuschauer des FCK vor dem Spiel der ersten Mannschaft mit Kunststückchen unterhielt, so wie 40 Jahre später Diego Maradona die Fans in Buenos Aires.

»Aber wenn der Fritz später aus der Kabine kam«, fährt Michel fort, »und im Nacken vor Aufregung ganz rot war, habe ich gewusst: Das kannste vergessen. Jetzt kann ihn nur noch ein guter erster Pass retten.« Ein wankelmütiges Genie, dieser Fritz Walter. Wie der sich auf eine Partie vorbereitete, beschreibt der Literaturprofessor Jörg Drews, in jungen Jahren ein glühender Walter-Anhänger: »Einmal linste ich vor Spielbeginn in die Umkleidekabine. Da saß Fritz Walter, wie mir's erzählt worden war und wie ich es doch nicht hatte glauben können. Erst nahm er den rechten und dann den linken Fußballschuh und prüfte pedantisch, die Haare in der Stirn, den Schuh jeweils dicht vor Augen, ob die Klötzchen darunter auch richtig fest saßen. Und als er sich die Schuhbändel schnüren wollte, flatterten seine Hände so, dass er kaum einen Knoten machen konnte.«

Wie viele Spielmacher, die ihm folgen sollten, war Walter als Jugendlicher etwas schwach auf der Brust. Noch 1937 gab sein Arzt dem damals 17-Jährigen kein Attest, in der »Ersten« des FCK spielen zu dürfen: Er sei zu dünn. Wie später Pelé, Maradona, Zico und Platini war der junge Fritz auf dem Platz gezwungen, sich etwas einfallen zu lassen, um sich gegen die gegnerischen Brocken durchsetzen zu können – die beste Schule für Übersicht, Wendigkeit und überragende Technik.

Die Kraftspende kam in Gestalt des Metzgermeisters Speyerer, der den Hochbegabten mit Wurstbroten aufpäppelte und ihm gar noch Essenspakete für seine Arbeit als Buchhalter bei der Stadtsparkasse mitgab. Die Fürsorge ließ Walter zu Kräften kommen.

Am 14. Juli 1940, mit gerade einmal 19 Jahren, der Krieg tobte schon, aber noch nannte ihn keiner den Zweiten Weltkrieg, erhielt Fritz Walter seine erste Einladung zu einem Länderspiel. Er öffnete den Brief auf dem Klo, so aufgeregt war er. In dem Schreiben gratulierte ihm Sepp Herberger, mahnte ihn jedoch eindringlich, sein Kopfballspiel zu verbessern.

Denn der Bundestrainer plante das Talent in der Nationalelf zunächst als Mittelstürmer einzusetzen, wo Walter fortan tatsächlich Tor um Tor schoss. Sechs Monate später wurde er zur Wehrmacht einberufen – und doch konnte er zunächst weiter für den FCK auflaufen, denn viele Unteroffiziere waren Stammgäste in der Gaststätte seines Vaters.

Herberger machte im Krieg seinen Einfluss geltend und erreichte, dass Walter im Dezember 1943 nach Jever zum Jagdgeschwader 11 versetzt wurde, wo er mit drei anderen Nationalspielern für die »Roten Jäger« auflief – die Kicker waren auf diese Weise weit weg von der Front (zwischen 1939 und '45 starben allein 32 deutsche Nationalspieler).

Dennoch geriet er gegen Ende des Kriegs in Gefangenschaft, und nur durch wundersame Zufälle blieb er davon verschont, nach Sibirien transportiert zu werden. Der Fußball war es, der ihn rettete, als er im Lager Mármaros Sziget in Rumänien bei einem Gebolze zweier Wachmannschaften »das wichtigste Spiel meines Lebens« machte, wie er später erzählte: »Zögernd stellte ich mich zwischen drei, vier Mann, bekam das Leder auch einmal und schoss mit meinen schweren Komissstiefeln auf das Tor. Die Berührung mit dem Ball hatte wie ein elektrischer Funke gewirkt.« Mit seinem Können gewann er die Gunst des russischen Kommandanten Schukow; noch im Sommer 1945 durfte er in seine Heimat zurückkehren.

Sofort machte er sich an die Arbeit. Als Spieler, Trainer und Geschäftsführer baute er seinen FCK nahezu im Alleingang wieder auf, führte ihn 1951 und '53 zu deutschen Meisterschaften. Welcher Spielertyp der große Friedrich gewesen sein muss, ist aus den spärlichen Filmaufnahmen, die die Zeiten überdauert haben, nur zu erahnen. Jedenfalls war er ein Artist von hohen Gnaden: 1956 traf er bei Wismut Aue mit der Hacke, im Hechtsprung nach vorne; ein Wundertor, das gleich nach Zicos Saltokick in Japan kommt.

Eine seiner größten Stärken war die Intuition, der sichere Instinkt. Das erzählt Helmut Schön, der einst in der Nationalelf mit Walter zusammenspielte. Beim 4:2 gegen die Schweiz, am 9. März 1941, erzielte der spätere Bundestrainer ein fabelhaftes Tor. Der Ruhm jedoch habe dem Vorbereiter gebührt, der Schön den Ball per Absatzkick vorgelegt hatte: »Fritz Walter konnte nicht wissen, wo ich mich gerade befand, und dass meine Situation für Bruchteile von Sekunden ideal zum Torschuss war«, schreibt Schön in seinen Memoiren. »Er konnte nicht ahnen, dass sich im Pulk der Deckungsspieler einige Zentimeter Raum für einige Augenblicke öffnen würden, um den Ball hindurchzuspielen. Und dennoch wusste er es, ahnte er es.« Schön spricht nicht von Magie, gebraucht aber einen ähnlichen Begriff, um diese besondere Fähigkeit zu erklären: »Gewisse Spieler haben einen ›sechsten Sinn‹, der sie verstehen lässt, was der andere tun wird. Handelt es sich um gleich geartete Spieler, dann ergibt sich zwischen beiden oft so etwas wie ein Funkkontakt. Es ist eine Übertragung der gleichen Spannung, eine Sendung auf gleicher Wellenlänge, und dann tut man das Gleiche oder das sich Ergänzende. Es dauert lange, dieses Phänomen zu beschreiben. Es geht blitzartig, wenn es ausgeführt wird.«

Für seinen wichtigsten Mann machte Sepp Herberger alles. Denn wenn Fritz Walter, der den Bundestrainer nur »Chef« nannte, keine Sorgen hatte, schien alles möglich. Noch 1962 wollte er den »F.W.« seiner Notizbücher, als 42-Jährigen, zum Comeback für die WM in Chile überreden.

1951 vermittelte Herberger seinem Schützling einen stetigen Geldfluss aus Toto-Mitteln, wohl 3000 Mark monatlich, damit er angesichts eines 225 000-Mark-Angebots von Athletico Madrid nicht schwach werde. Walter war Herbergers Vertrauter; sie verstanden das Spiel in gleicher Weise. Der Bundestrainer wusste, wie er seinen zart besaiteten Inspirator stärkte: Er gab ihm ein Umfeld, in dem er sich nicht in Frage gestellt fühlte. Ähnlich wie Günter Netzer zwei Jahrzehnte später trumpfte Walter dann auf, wenn er um sich die bekannten Gesichter, Sprüche, Laufwege wusste. 1954 war die Mannschaft durch und durch eine Walter-Elf: Mit Ottmar Walter, seinem Bruder, verstand er sich im Angriff blind, und Kohlmeyer, Eckel und Liebrich hielten ihm den Rücken frei, alles Kaiserslauterner Jungs.

Herberger setzte bei dieser WM in der Schweiz auf Risiko. Nicht nur, dass Fritz Walter in seiner Form schwer berechenbar war, er stand in der Heimat in der Kritik. Der heute so Unbestrittene schien damals manchem Experten zu alt, mit 34 Jahren ausgebrannt. Walter litt stets unter den hohen Erwartungen, die in ihn als Spielgestalter gesetzt wurden. Nach dem desaströsen 1:3 in Paris gegen Frankreich am 5. Oktober 1952, bei dem er in revanchistischer Atmosphäre völlig neben sich gestanden hatte, sagte er Herberger: »Ich bitte Sie, in Zukunft keine Rücksicht mehr auf mich zu nehmen. Sie wollen das Beste für den deutschen Fußball, aber ich will es auch.« Der antwortete nur: »Erzählen Sie doch nicht solchen Quatsch! Ich brauch Sie noch.«

Tatsächlich sieht Walter auf den Fotos der WM '54 nicht mehr wie ein frischer Athlet aus. 14 Jahre waren seit seinem ersten Länderspiel vergangen. Man kann nur ahnen, wie das Erlebte im Krieg an ihm gezehrt hatte.

Auf Seite der Ungarn war sein Pendant als Halblinker der raffinierte Ferenc Puskas, der »Einbeinige«, der Stürmer mit dem mächtigsten Rumms im linken Stiefel. Als die beiden Kapitäne ihre Mannschaften 1954 zum Endspiel ins Berner Wankdorf-Stadion führten, ging der Deutsche, der Blick des Zweiflers tastend, einen halben Schritt hinter dem Ungarn, der siegesgewiss lächelte.

Puskas war ein Star in jenen Tagen, der Kopf der unbesiegbaren Ungarn. Ein Mann voller Mutterwitz. Sein Vater hatte ihm stets eingebleut: »Fußballspielen ist eine Kunst. Aber du wirst sie nie erlernen, weil du zu faul bist und dir einbildest, alles mit dem linken Fuß machen zu können.« Ferenc hatte keine Wahl: »Mein linker Fuß ist so gut, dass ich ihm keinen Wunsch abschlagen kann.« Er reichte später zu glorreichen Jahren bei Real Madrid, an der Seite von Alfredo di Stefano. Und zuvor zu einer beispiellosen Siegesserie der Ungarn, die zwischen Mai 1950 und Februar 1956 nur ein Spiel von 50 verloren. Das allerdings war das wichtigste: das Finale von Bern.

Bis heute dauert die Diskussion an: Wer war denn der Spielmacher der Ungarn? Puskas, der Zehner, oder Nandor Hidegkuti?

Hidegkuti!, sagte Herberger. Puskas!, meint Rudi Michel, der bei der WM '54 als junger Radioreporter war. »Der Hidegkuti brauchte eine Sekunde zum Überlegen. Der Puskas gar keine. Wenn der sich gedreht hat, sind links und rechts die Leute umgefallen. Der konnte alles.«

Abwechselnd mit dem athletischeren Hidegkuti, der als Mittelstürmer auflief, ließ Puskas sich immer wieder zurückfallen, um Lücken zu reißen. Viele Verteidiger der 50er Jahre hatten keinen Schimmer, ob sie wie befohlen an ihrem Mann kleben sollten oder hinten auf ihn warten. Mit dieser Taktik hatten die Ungarn im November 1953 England mit 6:3 gedemütigt – in Wembley, wo die Hausherren zuvor ungeschlagen gewesen waren. Die Tiefe des Raums zu nutzen, das war die Idee ihres Spiels, 19 Jahre, bevor ein gewisser Günter Netzer mit wehenden Haaren durch eben jenes ruhmgetränkte Stadion spurtete.

Die Deutschen aber hatten 1954 die Taktik der Ungarn eingehend studiert, waren auf das Wechselspiel vorbereitet – und sich für nichts zu schade. Im Endspiel rannte

Fritz Walter höchstpersönlich kurz vor dem Schlusspfiff dem durchbrechenden Hidegkuti hinterher und luchste ihm im eigenen Strafraum den Ball ab: der Regisseur als Retter des 3:2.

Sicherlich war Walter im Leben nicht das, was sich deutsche Intellektuelle als Projektionsfläche ihrer Sehnsüchte gewünscht hätten, und was sie später in Netzer bekamen; er war ein Mann seiner Zeit, ein braver, zuverlässiger, aufrichtiger Pfälzer, dem abseits des Rasens alles Abenteurerhafte abging. Er war das, was man nach altmodischem Verständnis ein Vorbild nennen darf, weil er Klasse mit Anstand verband. Auf die Effenbergs dieser Welt können wir verzichten. Ohne Fritz Walter aber geht es nicht, auch heute noch nicht, zwei Jahre nach seinem Tod, ein Lauterer Bub für alle Zeiten.

Als er 38 Jahre alt war, den jungen Uwe Seeler an seiner Seite, der versprach, für ihn zu rennen, bis er umfiel, machte Fritz Walter sein letztes Länderspiel – im Halbfinale der WM 1958 gegen Schweden, jenem 1:3 in Göteborg, bei dem die Erregung hochschlug, ein Match, welches das Verhältnis beider Länder tatsächlich belastete. Walter humpelte in den letzten Minuten nur noch über das Feld, von einem Tritt des Schweden Parling gezeichnet. Er konnte seinem Team nicht mehr helfen, aber er stand ihm noch bei. Es waren magische Wochen, in denen ein Junge die Zuschauer das Raunen lehrte, 17 Jahre alt: Pelé. Und so, als Fritz Walter abtrat, die Seele des deutschen Spiels, wurde für die Welt die 10 geboren.

So müssten wir Walter zur 10 ehrenhalber erklären – hätten wir nicht doch noch uns bis dahin unbekannte Fotos aus alten Tagen entdeckt. Sie zeigen Szenen aus dem Länderspiel Deutschland gegen Jugoslawien vom 21. Dezember 1952, das die Deutschen in Ludwigshafen 3:2 gewannen. Walter ist zu sehen, wie er aus fünf Metern das

1:0 schießt, die Arme wie zum Fliegen ausgebreitet, schiebt er den Ball mit dem rechten Fuß ins Netz. Auf dem nächsten Foto umarmt er einen Mitspieler. Man sieht seinen Rücken, sein Trikot, seine Nummer.

Fritz Walter trägt die 10.

Die Vorgänger der 10

»Bei einem der Spiele lief Andrade mit dem schlafenden Ball auf dem Kopf über den halben Platz.«
Eduardo Galeano, Schriftsteller

»Sindelar spielte Fußball, wie ein Meister Schach spielt: mit weiter gedanklicher Konzeption, Züge und Gegenzüge vorausberechnend, unter den Varianten stets die aussichtsreichste wählend, ein Fallensteller und Überrumpler ohnegleichen, unerschöpflich im Erfinden von Scheinangriffen. Er hatte sozusagen Geist in den Beinen, es fiel ihnen im Laufen eine Menge Überraschendes, Plötzliches ein, und Sindelars Schuss ins Tor traf wie eine glänzende Pointe, von der aus erst der meisterliche Aufbau der Geschichte, deren Krönung sie bildete, recht zu verstehen und würdigen war.«
Alfred Polgar, Schriftsteller

In den Anfängen des Spiels muss ein phantastisches Gebolze geherrscht haben. Das Mittelfeld überbrückte man durch weite Schläge hinein in des Gegners Hälfte, wo sich die Stürmer – anfangs sieben, später fünf – gegenseitig auf die Füße traten und sich vors Tor wursteln sollten. Als Urahn aller Spielmacher hatte in der Frühzeit der so genannte Mittelläufer sowohl den gegnerischen Mittelstürmer auszuschalten als auch das eigene Spiel anzukurbeln.

Natürlich muss man den Akteuren zugute halten, dass der Ball keineswegs rund war und auf den Holperäckern gerne versprang (und bei Regen das gefühlte Gewicht einer Eisenkugel annahm), zudem das Schuhwerk alles andere als schusszonenoptimiert war wie die heutigen Treter, die bekanntlich den Ball von selbst ins Netz jagen. Bis 1925 galt im Übrigen noch eine verschärfte Abseitsregel, welche die verteidigende Mannschaft bevorzugte – es mussten immer zwei Feldspieler zwischen Torwart und Angreifer sein. Die Folge war ein ratloses Quergeschiebe; erst nachdem die neue, heute noch gültige Regel eingeführt wurde, entwickelte sich das elegante Spiel in die Spitze.

So sah der Fußball also aus, als die Nationalmannschaft Uruguays zu den Olympischen Spielen reiste, 1924 nach Paris, eine Elf, die in Europa noch kein Mensch spielen gesehen hatte. Dem Kick-and-Rush der Europäer, das ihnen die englischen Lehrmeister beigebracht hatten, setzten sie ein präzises Kurzpassspiel entgegen, das Gegner wie Zuschauer völlig verblüfft haben muss. Vor allem der farbige José Leandro Andrade präsentierte eine bislang unbekannte Fußballkunst, eine tänzerische Eleganz, die man in diesem Spiel der harten Männer noch niemals gesehen hatte. Uruguay gewann das Turnier, auch das von 1928 und anschließend noch die erste Weltmeisterschaft 1930.

Tatsächlich war Andrade auch abseits des Platzes ein begnadeter Tänzer – 1924 blieb er noch mehrere Monate in Paris, wo er in Revuen und Nachtbars auftrat, ein umschwärmter Mann mit silberbeknauftem Spazierstock. Er spielte auf der Läuferposition, im Mittelfeld also, aber immer wieder schaltete er sich in den Angriff ein, ein schneller, kraftvoller, dennoch leichtfüßiger Athlet. Andrade besaß alles, was die Großen auszeichnet: Technik, Blick, Charisma. Und er hatte sogar schon eine eigenwillige Frisur, einen Mittelscheitel mit zwei oben liegenden Nockenwellen, ein Beckham der Zwanziger. Nach allem, was wir wissen, und den wenigen Filmaufnahmen, die von seinen Spielen existieren, begründete er den Ruhm, den genialische Einfädler von nun an zugeschrieben bekamen. Er machte die Zuschauer staunen, und das eben ist es, was bis heute den Glanz der 10 ausmacht. Mit seinen Fähigkeiten wäre Andrade 40 Jahre später ein Weltstar geworden. Er war Pelés und Puskas' Vorbild.

Doch als er 1957 mit 56 Jahren in Montevideo an Tuberkulose starb, völlig verarmt, schien ihn die Welt vergessen zu haben. Nur eine Hand voll Freunde nahm an seiner Bestattung teil.

In die Galerie der frühen Wunderspieler gehört auch Giuseppe Meazza, der mit Italien 1934 und 1938 Weltmeister wurde, ein begnadeter Solist, aber auch ein Egomane, der trank, rauchte und gern bis eine halbe Stunde vor Spielbeginn schlief. Dann der Brasilianer Leonidas da Silva, der am liebsten barfuß spielte, und der bei der WM 1938 von den Funktionären für das Halbfinale geschont wurde, siegesgewiss, wie sie gegen die Tschechen waren, eine fatale Fehleinschätzung. Zu seinen Ehren brachte eine brasilianische Süßwarenfirma damals den Schokoriegel *diamante negro* heraus; es gibt ihn noch heute zu kaufen.

Bei den Deutschen war Fritz Szepan der Inspirator jener starken 34er-Mannschaft, die im Spiel um Platz drei überraschend Österreich schlug. Schon damals gab es taktische Debatten: Szepan musste in den ersten Spielen Stopper spielen, eine Position, die ihm nicht lag. Erst als er in seine Lieblingsrolle als halblinkem Stürmer schlüpfen konnte – jene Position, die 1954 Fritz Walter ausfüllte und die später als »10« bezeichnet wurde –, konnte er sich entfalten, ein ballsicherer, geduldiger Vorbereiter, in Schalke gemeinsam mit seinem Schwager Ernst Kuzorra Schwunggeber des Kreisels. Bei der WM '38 aber blieb Szepan blass, der die neuen österreichischen Mitspieler als arrogant empfand. Aus der berühmten *Breslau-Elf* und den Resten des österreichischen Wunderteams, nach Proporz aufgestellt, formte sich eine schwache Mannschaft, die im Wiederholungsspiel kläglich an der Schweiz scheiterte.

Vielleicht der beste Spieler, jedenfalls die charismatischste Figur seiner Zeit war Matthias Sindelar von Austria Wien, der der Papierne genannt wurde, ein dünner, sehniger Mann, der aufgrund eines Badeunfalls im Spiel stets eine gewickelte Bandage um sein rechtes Knie trug, die den lädierten Meniskus schützte. Seine Familie stammte aus Mähren, im Wiener Armenbezirk Favoriten wuchs er auf; der Vater, ein Maurer, fiel 1917 im Ersten Weltkrieg, als er 14 war. Sindelar umhegte einen Schrebergarten, wohnte bis zuletzt bei seiner Mutter, war maulfaul, scheu – und über die Maßen populär.

Denn er war der Kopf des sagenhaften österreichischen Wunderteams, das Deutschland 1931 6:0 und 5:0 schlug, in 14 Spielen ungeschlagen blieb und die englischen Fußballfans 1933 trotz eines 3:4 in Entzücken versetzte. »Sindelars Treffer war ein Meisterstück, das gegen solche Gegner, wie es die Engländer waren, niemand mehr zustande brachte. Nicht vor ihm, nicht nach ihm. Von der Hälfte des Spielfeldes zog Sindelar los, überspielte in seiner unnachahmlich eleganten Art einfach alles, was ihm entgegenkam, schlug zum Schluss noch einen Haken und schoss ein.« So schwärmte nach dem Spiel ein unparteiischer Beobachter – der belgische Schiedsrichter John Langenus, der die Partie geleitet hatte.

Sindelar, das war ein trickreicher, trotz seiner Schmächtigkeit schussstarker Allesbeherrscher, der Taktgeber eines unberechenbaren Spiels, das zwar mitunter ein wenig schlampig und betulich war, aber von hoher Anziehungskraft, voller List und Pfiffigkeit. Bei der WM 1934 traten die Italiener den Mittelstürmer, bis er kaum mehr laufen konnte; sein Team unterlag, und im Spiel um den dritten Platz blieb er gegen die Deutschen verletzt draußen. Von englischen Profiklubs gelockt, war Sindelar in den 30er Jahren der begehrteste Spieler Europas. Wie später Pelé sahen ihn seine Landsleute als Nationalbesitz, der niemals zu veräußern war. 1938 weigerte er sich, für die Nazi-Auswahl zu spielen, in die auch Österreicher berufen wurden. Beim »Vereinigungsspiel« zwischen »Altreich« und »Ostmark« am 3. April machte er die Deutschen beim 2:0-Sieg der Österreicher vor 60 000 Zuschauern in Wien lächerlich; nach dem zweiten Tor tanzte er vor der Tribüne der Nazi-Bonzen ausgelassen. Er starb am 23. Januar 1939 unter geheimnisvollen Umständen an einer Gasvergiftung, mit nur 35 Jahren. Seine Leiche wurde im Bett neben der seiner Freundin gefunden, die er erst wenige Wochen zuvor kennen gelernt hatte.

Sindelar war Werbefigur, Schauspieler, Caféhausbesitzer, ein Volksheld von Wien. Sein früher Tod machte ihn zum Mythos, den Schriftsteller besangen. Jeder Austria-Fan kennt Friedrich Thorbergs Zeilen:

> »*Er spielte Fußball wie kein zweiter,*
> *er stak voll Witz und Phantasie*
> *er spielte lässig, leicht und heiter,*
> *er spielte stets, er kämpfte nie.*«

Auf dem schwarzen Grabstein im Wiener Zentralfriedhof ist das Relief seines Gesichts abgebildet: die scharfen Züge, der Mittelscheitel, die hohe Stirn. 15 000 Menschen gaben ihm bei der Beerdigung das letzte Geleit. In Deutschland ist der Papierne weitgehend vergessen, obwohl er ganz sicher der größte Fußballer war, den der deutschsprachige Raum in den ersten 50 Jahren des 20. Jahrhunderts hervorgebracht hat.

Wie Andrade lebte Sindelar ein Leben, das auch nach heutigen Begriffen schillerte: Stoffe für Literaten. Doch beider Ruhm ging im Kriege unter, und als sich der Fußball langsam erholte, überdeckten die Probleme des Alltags den Sport, und junge Spieler drängten nach.

Uruguay gewann 1950 noch einmal die Weltmeisterschaft, im Maracana gegen Brasilien – mit einem Neffen von Andrade im Team. Österreich sollte 1954 noch einmal Vierter der WM werden, allerdings im Halbfinale Deutschland 1:6 unterliegen; wobei Fritz Walter an allen Toren beteiligt war und selbst zwei schoss. Einen Matthias Sindelar brachte das Land nie wieder hervor.

Ballack
Die 10
der Zukunft

Der Mann, der die deutsche Nationalelf bei der Europameisterschaft in Portugal anführen soll, kommt zum Interviewtermin mit Kaffeetassen in der Hand, unter die Achsel hat er eine gewaltige Kanne geklemmt. Zwei Tage ist das 0:0 auf Island her, dem Rudi Völler seine Brandrede folgen ließ, und in zwei Tagen muss die deutsche Nationalelf Schottland schlagen. Michael Ballack stellt die Tassen ab, lächelt und sagt freundlich hallo. Er sieht ziemlich entspannt aus.

Von Ballacks Präsenz ist abseits des Platzes nicht viel zu spüren, dabei ist er groß, fast 1,90 Meter, kräftig und sieht zweifelsohne blendend aus. Ballack hat einen festen, aber nicht sehr festen Händedruck und sehr grüne Augen, und wenn er spricht, lacht er oft unvermittelt und bricht den Satz mittendrin ab, weil ihn sein eigener Gedanke nicht mehr so recht überzeugt. Auf dem Platz ist er zielstrebiger als im Gespräch, wo er eine gewisse Verteidigerhaltung einnimmt. Er gibt sich Mühe, neue Worte für Altbekanntes zu finden und gerät ins Sächseln, wenn ihn etwas fuchst. Er sagt, wenn er sich wohl fühlt, tatsächlich »nö«, wenn er »ja« meint, wie das Menschen aus Chemnitz eben machen.

Vielleicht liegt es daran, dass er auch schon 27 Jahre alt ist, vielleicht auch nur an seinem Gemüt, das sonnig ist und wenig grüblerisch; jedenfalls ist Ballack ein Mann, der keinen Panzer vor sich her trägt und dennoch nicht angreifbar wirkt; einer, der sich über seinen Weg nicht wundert, der ihn auf den Gipfel des deutschen Fußballs führte. Er ist im Spiel einer, der das Besondere einfach erscheinen lässt, und so ist es auch im Gespräch, er macht den Eindruck, als sei es nicht weiter erwähnenswert, einer der besten Spieler der Welt zu sein. Und das ist er, allen Kritikern zum Trotz, wobei es nicht nur in Deutschland Tradition ist, Kreativspieler am härtesten zu beurteilen.

Ballacks Stil auf dem Platz – der gerade Rücken, der erhobene Kopf, die unökonomisch geformten O-Beine – ist heute sein Markenzeichen, nicht mehr Symbol eines vermeintlichen Schnöseltums. Es gibt kaum einen, der das kann, was er kann: aus 20 Metern den Ball mit links in den Winkel hämmern (wie gegen Liverpool 2002) oder mit rechts (wie gegen Leverkusen 2003), er grätscht hinten die Stürmer ab, beherrscht vorne den tödlichen Pass und köpft Tore mit Hrubeschscher Wucht.

Er wirkt im Gespräch sehr nahbar, wenn man das so sagen kann. Man kann sich mit ihm über das Ego der Spielmacher unterhalten, ohne dass seines zu spüren ist, und das macht einen nachdenklich. 2006 wird dieser Bursche Deutschland zum Weltmeistertitel führen müssen, nichts anderes wird von ihm verlangt werden, und eine Menge starker Spieler werden etwas dagegen einzuwenden haben. Ballack lacht routiniert, als er das hört, er hört es nicht zum ersten Mal. Er sagt irgendwas, aber zwischen den Zeilen liest man: Ich bin nicht so, wie ihr mich gerne hättet. Ich bin kein Heilsbringer, ich bin kein Zampano, ich finde mich gut so, wie ich bin, und es wird langsam Zeit, dass ihr das begreift. So deutlich würde er natürlich niemals werden, dazu ist er zu höflich. Doch wenn er darauf angesprochen wird, dass ihm mancher seine ruhige Art als Vermächtnis der DDR-Erziehung interpretiert, schüttelt er fassungslos den Kopf.

Nur wenn er über Fußballfeinheiten sprechen darf, taut er richtig auf, und auch wenn seine Sätze mitunter komplizierter sind als sein Spiel (und vor lauter Eifer manchmal ins Leere gehen), merkt man, dass Ballack reif ist. Er weiß längst, dass er allein nicht genügt. Was er braucht, sind neben sich die Kongenialen oder zumindest die über sich Hinauswachsenden. Aber auch das würde er niemals öffentlich erklären.

Herr Ballack, kennen Sie den Mythos der 10?
Klar, den habe ich schon als Kind gekannt. Ich wusste, dass die Nummer 10 etwas Besonderes ist, dass sie der klassische Spielmacher trägt. Aber ich wollte sie nie haben. Meistens hatte ich die 8 oder sogar die 6.

Weil die Erwartungen zu hoch gewesen wären?
Solche Gedanken machst du dir ja nicht, wenn du jung bist. Die Zahl hat mich einfach nicht angezogen.

Sie tragen heute die 13 – für diese Nummer entschieden Sie sich, als Sie 1999 zu Bayer Leverkusen wechselten. Wissen Sie, wer vor Ihnen diese Nummer hatte?
Die hatte ein Jahr lang niemand, davor der Rudi.

Die 13 sollte ursprünglich bei Bayer nicht mehr vergeben werden – eben als Hommage an Rudi Völler.
Als ich kam, hieß es: Die Nummer ist frei. Und ich bin auch nicht sehr abergläubisch.

Die 13 hat ja auch eine Tradition.
Der Gerd Müller hat die 13 gehabt. Und wer noch? Das wird schwer.

Max Morlock. Der bei der WM '54 ...
... das erste Tor der Deutschen geschossen hat. 13 ist eine gute Zahl.

Sie bringt offenbar in WM-Endspielen Glück. Aber Müller und Morlock waren Stürmer. Wir halten Sie für eine 10, für einen Spielmacher – wenn auch für einen modernen Spielmacher, eine eigenwillige 10. Sie sich auch?
Es gibt ja namhafte Experten, die sagen, ich bin kein Spielmacher. Die großen Chefs des Mittelfelds gibt es heute sowieso nicht mehr. Stattdessen viele Varianten: die hängenden Stürmer wie Rivaldo. Dann gibt's die Spieler, die vor der Abwehr stehen, also ziemlich tief, und über die unheimlich viel läuft, wie Vieira oder Hamann. Und dann natürlich den klassischen offensiven Mittelfeldspieler. Aber in dieser Position wird's ja heute immer schwerer, Spielmacher zu sein – weil du gerade dort natürlich oft so zugedeckt wirst ...

... beinahe wie ein Stürmer...
... ja, so dass es kaum möglich ist, für die Mannschaft wirklich viel zu tun. Es ist auf jeden Fall schwerer geworden in der Position hinter den Spitzen: für die Mannschaft das Spiel zu machen und gleichzeitig torgefährlich zu sein, das gibt's ganz selten, weil sich der Fußball so verändert hat. Dafür ist er einfach zu schnell – man kann nicht überall sein. Ein Spieler, der weiter hinten postiert ist, hat viel mehr Aktionen. Man hat viel öfter die Chance, ein Gefühl für das Spiel zu bekommen. Mich vorne auszutoben, das ist nicht meine Stärke. Da fehlt mir was, die Bindung zum Spiel, das Gefühl, wirklich im Spiel zu sein.

Sie haben das Geschehen am liebsten vor sich?
Das hängt ja immer von der Mannschaft ab, von den Stärken und Schwächen der anderen. Ich mag es am liebsten, wenn ich vor der Abwehr stehe, von dort aus den Ball in die Spitze tragen kann, das Spiel breit machen kann oder einen Mann steil schicken und selbst nachstoßen. Und

dann weiter nach vorne gehe, um den Angriff selbst abzuschließen. Ist das ein typischer Spielmacher? Ich würde das nicht so nennen. Im Wortsinn sind das sogar viel eher die Innenverteidiger. So ein Fernando Hierro, der bei Real Madrid spielte, stirbt aus; er hatte eine gute Spieleröffnung, konnte auch nach vorne einen blitzsauberen Pass spielen und ist immer wieder marschiert.

Auf welcher Position haben Sie als Jugendlicher gespielt?
Ich habe im Mittelfeld angefangen. Wenn man klein ist, ist man ja Individualist, in der F-Jugend macht jeder, was er will, und man dribbelt nur und spielt nicht ab. Und so entwickelt man sich natürlich auch als Persönlichkeit, als Spieler weiter, wenn man die Jungs machen lässt, wenn man ihnen nicht zu früh sagt: Du musst abgeben. Mit zehn Jahren bin ich zurückgegangen als Libero, dann bin ich wieder ins Mittelfeld, und in der Halle war ich Stürmer. Ich habe also viele Positionen gespielt, aber immer zentral, wenn ich mir's überlege. Selbst in der A-Jugend habe ich noch Libero gespielt.

Mit Ihren Offensivqualitäten?
Ich hab in dieser Saison als Libero 35 Tore geschossen.

Wer war Ihr Vorbild?
Rico Steinmann. Der bei Chemnitz spielte, meinem Heimatverein, und später beim 1. FC Köln. Der hatte auch die 8.

Sie hatten keinen Maradona als Idol, keinen Matthäus?
So weit habe ich gar nicht gedacht. Klar habe ich Maradona 1986 bei der WM gesehen, da war ich neun Jahre alt. Aber ich konnte mich nicht mit ihm identifizieren, weil das ein ganz anderer Spielertyp war, so wuselig. Auch vom Auftre-

ten her – nee. Man sucht die Vorbilder viel näher, im eigenen Verein. Als ich zehn war und DDR-Oberliga geguckt habe, war das weit weg, man wünscht sich, das mal zu erreichen, und selbst dieser Traum ist ganz verwegen. Sich international ein Vorbild zu suchen: Das war ja sonst wo.

Oft heißt es in Deutschland: Wir bräuchten wieder einen Overath oder Netzer. Der kam früher, wie es hieß, aus der Tiefe des Raumes. Heute würden seine Läufe schon beim ersten gegnerischen Stürmer auf Widerstand stoßen, oder?
Das mit früher zu vergleichen, das kann ich nicht. Ich habe nicht so viele Spiele gesehen. Aber wenn ich die Spiele nehme, die ich gesehen habe: Da hat man natürlich schon mehr Platz gehabt, ganz klar. Heute spielen alle Teams extremes Pressing, die stehen sich im Mittelfeld alle auf den Füßen rum. Umso wichtiger ist es, dass von hinten präzise rausgespielt wird, dass man Überzahl schafft, das ist das Entscheidende. Man soll aus Fußball keine Wissenschaft machen, aber eine Spielanlage, eine gute Ordnung ist wichtig. Selbst die Färöer standen in der EM-Qualifikation hinten drin sehr gut. Es zählt eigentlich nur noch die individuelle Klasse, um ein Spiel zu entscheiden.

Auf die Geniestreiche kommt es an.
Oder auf die Standardsituationen *(lacht)*.

Das ist die deutsche Variante der Geniestreiche.
Das ist eine unserer Stärken. Jeder das, was er kann.

Bei der EM könnten Sie wieder, wie schon mit Leverkusen, bei der Nationalelf und zuletzt mit Bayern auf Zinédine Zidane treffen, den derzeit unbestritten besten Spieler der Welt. Er zieht wie Sie im zentralen Mittelfeld seine Kreise. Würden Sie Ihre Spielanlage mit der von Zidane vergleichen?

Das kann man nicht, glaube ich. Zidane nimmt viel mehr am Spiel teil. Er wird fast immer von seinen Nebenleuten gesucht. Er ist schlicht überragend. Ich schaue mir Zidane selbst gerne an. Seine Bewegungen sind klasse, wie schnell er sich dreht, wie er den Ball kontrolliert, das sieht alles gut aus. Ball und Körper sind fast eins. Das ist das Ideal, was alle anstreben und was so wenig erreichen. Aber er ist auch nicht der Stratege, sondern ein Einzelkönner.

Und er brüllt nicht herum, gibt keine Kommandos. Er macht all das nicht, was in Deutschland von einem Mittelfeld-Chef erwartet wird.
Er führt das Spiel einfach durch seine Klasse am Ball. Er beweist: Es geht auch so. Ich gehe oft mehr in die Spitze und lauere dort auf den Ball. Das kostet natürlich auch Kraft, vorne reinzugehen, was man auch oft umsonst macht, was dann natürlich nicht gesehen wird, wenn die Flanke erst gar nicht in den Strafraum kommt. Wenn der Ball nicht kommt, sieht man natürlich blöd aus – der läuft zu viel umsonst, heißt es schnell, das ist ja nicht effektiv. Dadurch wirkt es oft so, als würde ich nicht so am Spielgeschehen teilnehmen.

Die Kritiker sagen dann immer: Ballack versteckt sich.
Das muss aber so sein, sonst wäre ich ja nicht da, wenn der Ball mal kommt. Dieselben Kritiker loben dann meine Torgefährlichkeit.

Sie sind Kämpfer und Torjäger in einer Person. Wenn man Sie mit den großen Zehnern vergleicht: Platini war früher sehr torgefährlich, aber der hat ja auch nur vorne gespielt. Pelé und Maradona haben nach hinten nichts tun müssen, auch ein Netzer nicht. Zidane schießt kaum Tore. Sind Sie vielleicht ein neuer Typus Spieler?

Das weiß ich nicht. Ich bin eben nicht der Typ, der sich im Mittelfeld immer den Ball holt und immer da ist, wo sich das Spiel entwickelt. Zidane ist sicher spektakulärer.

Und Sie effektiver?

Das kann man sehr schwer vergleichen. Er ist aber auch ein Spieler, der viel Effektivität mitbringt. Im Gegensatz zu vielen Brasilianern, dabei sind die ja am Ball fast alle überragend.

In Deutschland heißt es schnell: Absatztricks sind brotlose Kunst. Ihr Kollege Dietmar Hamann ist klarer Verfechter des Ergebnisfußballs; er sagt, für Schönspielerei gebe es keinen Preis. Sehen Sie das genauso?

Auf alle Fälle. Man sieht's ja bei jeder Berichterstattung. Es geht nur um das Ergebnis. Wer gewinnt, hat alle Argumente auf seiner Seite. Wer verliert, kann noch so schön gespielt haben, das nutzt nichts. Und oft entscheidet eine kleine Aktion, wie das ganze Spiel gesehen wird. Ob der Ball an den Pfosten geht oder ins Netz. Das ist Blödsinn, aber das ist eben so. Wenn wir auf Island durch irgendein Tor gewonnen hätten, wäre das ganze Theater um Rudi Völler nicht losgegangen, alle hätten gesagt: Mund abputzen, es geht heim, man hätte sich im Fernsehen angeschaut, wie die anderen Favoriten Probleme haben, guck, denen geht es genauso. Die Journalisten wollen das natürlich nicht annehmen. Aber wenn das Mikrofon aus ist, sagen viele: Du hast ja Recht, du hast ja Recht, aber wir können halt nicht so berichten.

Wir sind ein bisschen enttäuscht. Wir dachten, wenigstens Sie hätten ein Herz für das Schöne Spiel.

Klar, aber das A und O ist doch, dass man Ergebnisse erzielt. Vom Fußballerischen her beißen viele andere Nationen auf die Zähne, wenn sie uns spielen sehen. Uh, die Deutschen mit ihrer Kraft und Ordnung. Da braucht man sich auch nicht reinreden lassen, und da können noch so viele Leute erzählen, jetzt müssen wir endlich mal den und den Fußball spielen und jetzt muss es endlich mal besser werden. An die Art, wie die Südamerikaner und Südeuropäer schon immer gespielt haben und jetzt auch die Franzosen spielen, werden wir auf Dauer nicht herankommen. Unsere Stärken liegen eben woanders. Klar, wenn wir bei der Europameisterschaft in Portugal in der Vorrunde rausfliegen, wird das kritisiert, das ist ja auch normal. Aber auf Sicht setzt sich unser Fußball durch, das hat nicht nur die letzte WM gezeigt, das war früher auch schon so, bei der EM '96 zum Beispiel, bei der die Deutschen auch nicht gezaubert, aber verdient gewonnen haben. Und ich glaube, dass das in den nächsten Jahren ebenfalls so sein wird. Auch in zehn Jahren noch. Dass die Deutschen immer vorne dabei sein werden.

Obwohl sie nicht flüssiger kombinieren werden.
Ich denke, das ist unsere Art, Fußball zu spielen. Das wird wohl immer so bleiben, da wird sich in Zukunft nicht viel ändern. Tut mir Leid.

Den wohl besten deutschen Fußball der letzten Jahre zeigten Sie mit Leverkusen. Für München hat man Sie selten so zaubern sehen. Lag Ihnen das Bayer-System besser?
(überlegt, lacht) Ich spiele natürlich jetzt beim FC Bayern, und, ähm, ...

Jetzt antworten Sie doch mal nur als Fußballer: Wo macht es mehr Vergnügen, zu spielen?
Ach ... Vergnügen ist immer, wenn man gewinnt.

Ist das so?
Natürlich gibt's Spiele zwischendurch, wo man denkt: Das macht irre Spaß. Aber da denkt man ja schon wieder als Egoist. Das ist ja nicht richtig im Fußball. Ich spiele in einer Mannschaft, und wenn ich egoistisch bin, denke ich nur an mein Spiel, wie komme ich am besten zum Vorschein, wie kann ich Tore schießen, was kommt meinem Spiel entgegen? So darf ich nicht denken.

Ein früherer Mitspieler, ein guter Freund, erlitt mit 14 Jahren einen Schlaganfall; Sie selbst hatten mit 16 Jahren einen Knorpelschaden und konnten ein Jahr lang keinen Sport machen. Die Gelassenheit, mit der Sie heute Rückschläge wie die Sperre fürs WM-Finale verkraften – speist die sich aus solchen Erfahrungen?
Eigentlich überhaupt nicht. Das Entscheidende ist, dass man sich nicht so viele Gedanken machen soll. Und so ein Typ bin ich: Ich mache mir keine großen Gedanken. Sonst wirst du ja wahnsinnig. Das ist bei vielen Fußballern so, die Verletzungsangst ist immer da, das Risiko auch. Wenn's passiert, passiert's eben. Ich meine damit aber nicht nur negative Sachen; auch die positiven Dinge beschäftigen mich nicht so lange, sportlich gesehen.

Sie werden Meister und sind nicht euphorisch?
In dem Augenblick schon. Man kostet den Augenblick aus. Ein halbes Jahr später sind solche Sachen fast schon wieder verdrängt. Dazu ist das Geschäft zu schnell. Man freut sich in dem Moment, aber man ist so drin in diesem Job Fußballer und hat sofort wieder neue Ziele.

Wir dachten, Sie könnten ein sentimentaler Typ sein. Immerhin hatten Sie auf dem Gymnasium neben Deutsch auch Geschichte als Leistungskurs.

Das ist kein Widerspruch für mich. Geschichte hat ja nichts mit mir zu tun, das ist keine persönliche Sache, das ist nicht mit Emotionen verbunden. Ich gucke mir manchmal Bilder vom Zweiten Weltkrieg an, da kommen natürlich Gefühle hoch, aber ich war nicht dabei. Das ist natürlich etwas anderes, wenn man so etwas miterlebt hat.

Sie haben selbst schon Geschichte geschrieben – Sie erreichten das WM-Finale. Das ist ein kleines historisches Ereignis.
Och, ich weiß gar nicht, ob das jemanden interessiert *(lacht)*. Vielleicht kommt das Bewusstsein später. Dass man merkt, dass man wirklich etwas geleistet hat. Im Moment bin ich vielleicht dafür zu jung, vielleicht zu sehr drin. Wenn man mal aufgehört hat mit Fußball, ist es sicher so, dass man sich viel lieber zurückerinnert. Aber jetzt ist dafür kein Platz.

An welchen Trainer werden Sie sich dann am liebsten erinnern?
Wie man einen Trainer empfindet, hängt immer von der persönlichen Lebensphase ab. Ich will hier ganz deutlich sagen, dass ich bisher bei allen meinen Stationen das große Glück hatte, mit guten Trainern zusammenarbeiten zu dürfen. Als ich 1999 von Kaiserslautern nach Leverkusen kam, war Christoph Daum ein Glücksfall für mich.

Warum das?
Weil ich ihn in der Entwicklung gehabt habe, wo ich noch einen Sprung machen konnte, mit 22 Jahren, und er einfach auf mich gesetzt hat. Das ist auch Glück. Ich habe mich unter ihm hervorragend entwickelt. Auch, weil er ein individuelles Training gemacht hat, und das in einer solchen Spitzenmannschaft.

Was genau?
Er hat mit mir gesprochen, was für ihn nicht so typisch war *(lacht)*. Er hat mich zur Seite genommen und mir gesagt, was er von mir verlangt. Knallhart. Da bin ich einfach weitergekommen.

Was hat er verlangt?
Führungsaufgaben. Das hat er mir ins Gesicht gesagt. Und nach dem Training sind wir oft länger draußen geblieben, er hat mir gesagt: Du machst Schüsse, Drehungen, Sprints, was weiß ich. Danach hatte ich aber auch gute Trainer.

Der nächste war Toppmöller.
Mit Klaus Toppmöller durfte ich tollen Fußball in einer tollen Mannschaft spielen. Das war sein Spiel, sein System. In Toppi habe ich einen persönlichen Freund gefunden.

Was ist mit Ottmar Hitzfeld?
Hitzfeld steht außen vor. Ottmar Hitzfeld kann man mit keinem anderen Trainer vergleichen. Ich bin mit 25 zum FC Bayern gekommen, einem absoluten Topverein, zu einem Toptrainer, der schon viele Erfolge hatte, der mit Stars ganz anders umgeht. Der natürlich auch selbst einen ganz anderen Druck hat. Das ganze Bild ist völlig anders. Einen Ottmar Hitzfeld muss man ganz anders einordnen und anders beurteilen als andere Trainer. In Europa würde ihn jeder mit Kusshand nehmen. Er hat seine Stärken in der Mannschaftsführung, weiß genau, wie er mit dem Druck und wie man psychologisch mit den Spielern umgehen muss. Hitzfeld ist da einfach perfekt. Der macht keinen Fehler.

Aber er nimmt Sie nicht beiseite und macht spezielles Training.

Nein, dafür erwartet er auch zu viel von jedem Einzelnen. Er hat 20 Topspieler, sogar 25. Ich sehe mich als Teil dieser Mannschaft.

Sie sind aber doch nicht einer von 25, Herr Ballack – zweimal waren Sie zuletzt Deutschlands Fußballer des Jahres. Sie wehren sich nicht, zumindest nicht öffentlich, wenn Sie fast nur defensiv ackern müssen. Sind Sie zu bescheiden?
Ich war früher noch bescheidener. Ich weiß nicht. Es gibt sicherlich egoistischere Spieler. Jeder braucht seine Mitspieler. Man sollte sich nicht zu wichtig nehmen, aber man muss sich auch entfalten können, das ist wichtig. Es ist ein schmaler Grat, das gebe ich zu.

Andere Weltstars haben ein Ego von der Größe des Weltballs, Sie scheinen sich gar kein Ego leisten zu wollen. Nicht mal ein kleines?
Das ist vielleicht meine Erziehung. Bei uns ist es doch oft so, dass man die Spieler einfach in ihrer persönlichen Entwicklung hemmt, dass man von klein auf schon irgendwo in ein taktisches System gepresst und die Individualität unterdrückt wird. Wir hatten immer schon wenig von solchen Spielern und wir haben jetzt noch weniger. Ich weiß nicht, woran's liegt. Aber darauf muss man unbedingt achten. Weil das die Könner sind, die die Spiele entscheiden.

Die den Unterschied machen, wie der argentinische Weltmeistertrainer Cesar Luis Menotti sagt.
Genau. Kleinigkeiten entscheiden. Es ist sicher auch typbedingt. Ich hoffe, dass gewisse Spielertypen, die nachkommen, die so sind, dass die nicht von den Trainern und der Presse frühzeitig beeinflusst werden. Was schwer ist heute: Es geht heute unheimlich zeitig los mit den Beurteilungen, man wird in eine Schublade gesteckt und dann

kommt einer und sagt: Pass auf, dass du nicht in die Schublade gesteckt wirst – Fummelkönig, wegen mir. Viele junge Spieler denken dann schnell: Jetzt ändere ich mich halt ein bisschen. Hauptsache, ich habe meine Ruhe.

Sprechen Sie aus eigener Erfahrung?
Nein, ich glaube, ich war schon immer so, wie ich bin. Das ist mein Naturell. Und sicher auch die Erziehung meiner Eltern. Ich bin ganz gut damit gefahren bisher.

Stimmt nicht: Im WM-Halbfinale waren Sie ganz einfach nicht egoistisch genug, als Sie den Südkoreaner foulten.
Hm. Okay, vielleicht.

Sie würden das Foul wieder machen?
(überlegt) Ich glaube schon.

Aber im Tor steht doch Oliver Kahn in WM-Form.
Ich würd's vielleicht einmal drauf ankommen lassen *(lacht)*. Einmal würde ich's probieren. Wahrscheinlich hält ihn der Olli eh.
Anmerkung: Eine Kurzversion dieses Gesprächs erschien im November 2003 im stern.

Herr Ballack, von Ihnen hätten wir gerne, dass Sie uns Ihre Lieblingsposition auf dem Spielfeld aufzeichnen, dazu die Laufwege skizzieren.
(malt) Ich denke im zentralen Mittelfeld, vielleicht ein bisschen halblinks, ein bisschen versetzt spiele ich oft.

In welche Richtung stoßen Sie dann am liebsten vor?
Das kommt auch drauf an, ob man mit Dreier- oder mit Viererkette spielt. Ich hab's unheimlich gern, wenn hier noch einer neben mir spielt.

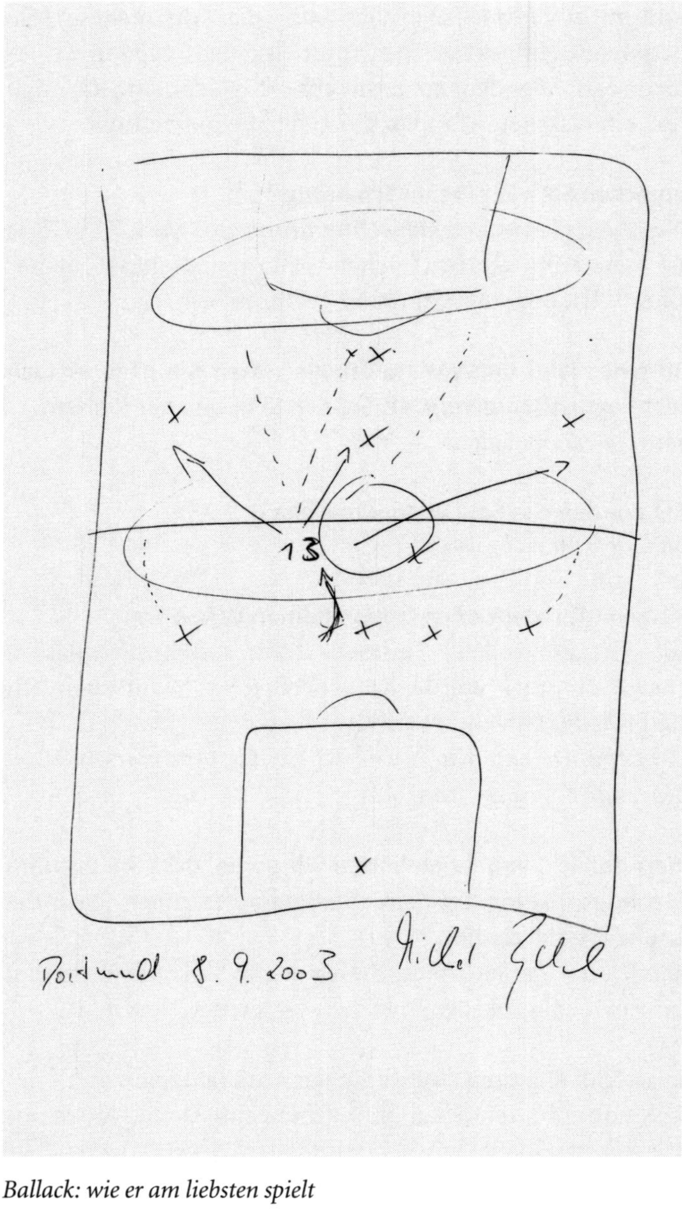

Ballack: wie er am liebsten spielt

Erklären Sie bitte: Im Mittelfeld haben Sie gerne zwei Spieler um sich. Warum?
Weil ich, wenn ich den Ball bekomme, gerne einen vor mir habe, den ich anspielen kann. *(malt einen Pfeil)*

Sie suchen sofort den kurzen Weg.
Ja, und versuche, wenn der Ball vorne ist, dann nachzurücken. Oder spiele gleich nach außen zu einem Mitspieler. *(malt zwei große Kreise)*

Und das sind die Abschnitte des Spielfelds, in denen Sie sich bevorzugt aufhalten?
Genau.

Michael Ballack hat eine sehr präzise Vorstellung von seinem Spiel, ohne dass er sich als Stratege versteht. Ein Stratege nämlich tauche niemals ab, sagt er, aber er müsse das tun: um unerwartet auftauchen zu können. Zwei Tage nach dem Gespräch schlägt Deutschland Schottland 2:1, Ballack verwandelt einen Elfmeter zum 2:0.

STEILPASS

»Wenn man heutzutage so oft von Spielerpersönlichkeiten im Fußball spricht und dabei nach rückwärts schaut, so bedeutet das nichts anderes, als dass man zu wenige dieser Persönlichkeiten zu haben glaubt und mit Sehnsucht an vergangene Zeiten denkt. Hätten wir doch einen Fritz Walter, einen Fritz Szepan, einen Richard Hofmann, um nur einige zu nennen. Und es ist in der Tat so: Es mangelt vielfach an Spielern, die das Spiel ihrer Mannschaft zu steuern vermögen und eine ihnen manchmal unbewusste Ausstrahlung auf ihre Kameraden haben.«

Helmut Schön, Bundestrainer, 1974

Das ewige Rätsel, es ist nicht zu lösen – Maradona oder Pelé?

Wem in der Literatur, in der Musik, im Leben die gebrochenen Helden die liebsten sind, wer die Hoffnung der Gewissheit vorzieht: Der muss Maradona wählen. Als der Argentinier 17 Jahre alt war, bei der WM 1978, begann schon die Diskussion um das Aussterben der Spielmacher. Bis heute lebt der Mythos der 10 mit jedem hochveranlagten Spieler weiter, der es wagt, die magische Nummer zu wählen, wohl wissend, dass er am meisten gewinnen kann, trägt er sie mit Würde, Leidenschaft und Können. Und am meisten verlieren, natürlich. Bei der EM 2004 in Portugal werden Zidane, Totti, Rosicky und Rui Costa für ihr Land wie selbstverständlich mit der 10 auflaufen. Es ist ihre Verbeugung vor dem Spiel, denn der Fußball lebt vom Echo seiner Geschichte.

Der junge Pelé war noch keine klassische 10. Netzer galt zu seiner Zeit vielen als zu wehleidig, Overath als zu ballverliebt. Wenn alles gut geht, werden die Deutschen in dreißig Jahren vom unnachahmlichen Ballack sprechen. Er kann die Tradition der deutschen 10 fortführen. Ballack ist am Ball.

Wir danken

Axel Haase und Thomas Tebbe, die die Idee zu diesem Buch hatten. Und Werner Mathes, der uns empfahl.

Simon Kuper für seine Begeisterungsfähigkeit und den Beitrag, der dieses Buch abrundet.

Unseren Gesprächspartnern, die uns ihre Zeit schenkten: Michel Platini, Michael Ballack, Günter Netzer, Wolfgang Overath, Roberto Baggio, Lothar Matthäus, Zinédine Zidane, Felix Magath, Ralf Rangnick, Dietmar Hamann, Guido Buchwald, Marco Rösch, Erich Rutemöller, Uwe Seeler, Franz Beckenbauer, Alfredo di Stefano – die Liebe zum Schönen Spiel überspannt die Generationen.

Unseren Kollegen und Freunden: Thomas Schumann für seine wertvollen Hinweise und vier besondere Jahre. Thorsten Kolle für Archiv und Anekdoten. Markus Götting für seine Rückendeckung. Jörg Marwedel für einen tief schürfenden Wembley-Abend. Andreas Mönnich für sein geschultes Auge. Karl-Heinz Wagner, weil er das verdient hat. Matti Lieske, weil keiner mehr Geschichten weiß als er. Fabrice Jouhaud für seine Liebe zum deutschen Fußball. Thomas Rosenbaum, der noch mit einer echten 10 zusammenspielen durfte. Martin Hägele für die Verfolgung von Zico. Gerd Gottlob, dass er für uns 1972 und 1986 zum Leben erweckte. Thomas Osterkorn und Andreas Petzold, weil sie uns machen ließen (gegen den Preis eines Beckhams). Und Guido Kleinfeldt, der uns ordentlich Druck gab.

Wir danken Hoai-Nam Ton, Michael Becker, Harald Stenger, Markus Hörwick, Christoph Leutrum, Alain Leiblang und Marcus Höfl – ohne ihre Unterstützung hätten wir die Interviews niemals führen können. Und dem Team des Dorint-Hotels an der Messe in Köln für seine Großzügigkeit.

Ferner Guy Oliver von Fremantle Media, der uns seine DVD-Dokumentation *History of Football* zur Verfügung stellte, und seiner Mitarbeiterin Julia Ohle, die uns nach Kräften half. Dem Agon-Verlag, der uns die Bände seiner *WM-Geschichte* zugeschickt hat, dort vor allem Martina Backes.

Dem großen Rudi Michel für eine wundervolle Zeitreise.

Und natürlich unseren Mädels. Für ihr Verständnis und alles andere.

Literatur und Film

Agon-Verlag (verschiedene Verfasser): *WM-Geschichte*, verschiedene Bände. Fußballweltmeisterschaft 1934. 1938. 1950. 1954. 1958. 1962. Kassel 2001 ff.

Baggio, Roberto: *Una porta nel cielo. Un'autobiografia*. Arezzo 2001.

Baggio, Roberto: *Il sogno dopo*. Arezzo 2003.

Barend, Frits und Henk van Dorp: *Ajax, Barcelona, Cruyff. The ABC of an Obstinate Maestro*. London 1999.

Bellos, Alex: *Futebol. The Brazilian Way of Life*. London 2002.

Biermann, Christoph und Ulrich Fuchs: *Der Ball ist rund, damit das Spiel die Richtung ändern kann. Wie moderner Fußball funktioniert*. Köln 1999.

Blickensdörfer, Hans: *Ein Ball fliegt um die Welt*. Stuttgart 1965.

Böttiger, Helmut: *Günter Netzer. Manager und Rebell*. München 1998.

Burns, Jimmy: *Die Hand Gottes. Das Leben des Diego Armando Maradona*. Berlin 1998.

Galeano, Eduardo: *Der Ball ist rund*. Zürich 2000.

Harig, Ludwig: *Netzer kam aus der Tiefe des Raumes: notwendige Beiträge zur Fußball-Weltmeisterschaft*. München 1974.

Harris, Harry: *Pelé. His life and times*. New York 2001.

Irnberger, Harald: *Cesar Luis Menotti. Ball und Gegner laufen lassen*. Wien 2000.

Kuper, Simon: *Ajax, the Dutch, the War. Football in Europe during the Second World War*. Birkenhead 2003.

Kuper, Simon: *Football against the Enemy*. London 1994.

Leinemann, Jürgen: *Sepp Herberger. Ein Leben, eine Legende*. Berlin 1997.
Maradona, Diego Armando: *El Diego. Mein Leben*. Aufgeschrieben von Daniel Arrucci und Ernesto Cherquis Bialo. München 2002.
Marías, Javier: *Alle unsere frühen Schlachten. Fußball-Stücke*. Hrsg. von Paul Ingendaay. Stuttgart 2000.
Menzel, Roderich: *Die besten elf Fußballstars*. Düsseldorf 1973.
Michel, Rudi (Hrsg.): *Fritz Walter. Die Legende des deutschen Fußballs*. Stuttgart 1995.
Mrazek, Karlheinz: *Fußball. Die besten Mittelfeldspieler der Welt*. München 1995.
Overath, Wolfgang: *Ja, mein Temperament. Fußball vor und hinter den Kulissen*. Hrsg. von Karlheinz Mrazek. Köln 1970.
Pelé: *Mein Leben und das schönste Spiel*. Frankfurt/M. u.a., 1977
Reiber, Dieter: *Jahrhundertfußball im Fußballjahrhundert*. Schwaig 1989.
Schön, Helmut: *Fußball*. Frankfurt/M. u.a. 1978.
Schümer, Dirk: *Gott ist rund*. Berlin 1998.
Schulze, Ludger: *Die Mannschaft – die Geschichte der deutschen Fußball-Nationalmannschaft*. München 1986.
Schulze-Marmeling, Dietrich und Hubert Dahlkamp: *Die Geschichte der Fußball-Weltmeisterschaft 1930–2006*. Göttingen, 2002.
ders. (Hrsg.): *Der gezähmte Fußball. Zur Geschichte eines subversiven Sports*. Göttingen 1992.
Walter, Fritz: *Spiele, die ich nie vergesse*. München 1955.
11 Freunde: monatlich. Ein Traum von einem Magazin (Anmerkung der Autoren).
Sowie diverse Zeitschriften und Zeitungen.

Canal Plus: *Les Yeux dans les Bleus*. Paris 1998. Video.
Canal Satellite: *Zinédine Zidane. Comme dans un rêve.* Paris 2002. Box mit 2 DVDs.
DFB (Hrsg.): *Ein Jahrhundert deutscher Fußball.* Potsdam 2000. DVD.
Fremantle Media: *History of Football. The beautiful game.* London 2002. Box mit sechs DVDs.

Bildnachweise

S. 17 © Hulton Archive/Getty Images
S. 29 © Ben Radford/Getty Images
S. 43 © Werek
S. 59 © Stefan Enders/stern
S. 99 © Bongarts
S. 109 © Werek
S. 135 © Steve Powell/Getty Images
S. 153 © Bongarts/Lutz-Bongarts
S. 177 © Shaun Botterill/Getty Images
S. 195 aus: Fritz Walter »Spiele, die ich nie vergesse«. Copress Verlag GmbH, München 1968, 1991
S. 215 © Brian Bahr/Getty Images
S. 7, 13, 39, 51, 87, 93, 129, 145, 165, 171, 187, 207, 233 © Getty Images